Gedichte ● Verlobt im Pflaumenbaum

Herbert Schwarz

Herbert Schwarz

Verlobt im Pflaumenbaum

Gedichte

Bibliografische Information der Deutschen
Nationalbibliothek:
Die Deutsche Nationalbibliothek verzeichnet diese
Publikation in der Deutschen Nationalbibliografie;
detaillierte bibliografische Daten sind im Internet über
http://dnb.dnb.de abrufbar.
© 2022 Herbert Schwarz

Herstellung und Verlag: BoD – Books on Demand,
ISBN: 978-3-7557-3348-5

Prolog

Flüstern des Baches

Dein Mund flüstert mir in Liebe
Deine Sehnsüchte dein Verlangen
Ich vertrau es dem muntren Bache
Auf dass es ein Geheimnis bliebe

Seine Wellen sollen es tragen
Durch Wald und Feld im Land herum
Wenn Menschen freundlich fragen
Wellen flüstern sind sonst stumm

Doch im Dorf die Menschen ahnen
Was bei Mondschein im Wald geschah
Gefühl und Liebe sind uns allen nah
Wie das schon in alten Zeiten war

Danksagung

Die Arbeit mehrerer Jahre, Die Reihe "Stunde der Besinnlichkeit", ist am Ziel angelangt - Konzepte, Träume, Entwürfe, Leseproben, Rezitationen, Korrekturen. Band II mit dem Titel "Verlobt im Pflaumenbaum" ist in Lesers Hand. Eine (relative) Endfassung meiner Gedichte liegt vor, aber niemand kann wissen, was mich an interessanten Themen noch erwartet. Am Gelingen waren mir nahestehende Menschen beteiligt, und all ihnen schulde ich großen Dank. Meiner lieben Frau Annelie für ihr liebevolles Entgegenkommen, ihre unendliche Geduld und grenzenloses Verständnis. Meinen Kindern und weiteren Verwandten für geduldiges Zuhören und Lesen sowie für ihr überzeugendes "Mache weiter so". Kulturschaffenden meiner Heimatstadt für überaus wertvolle Hinweise. Dem Verlag "Books on Demand" danke ich herzlich für jegliches Entgegenkommen, die gute Ausstattung und Bemühungen bei der Fertigstellung der Auflage.
Allen Leserinnen und Lesern wünsche ich viel Spaß, Genuss und Entspannung.

Gedichte

Göttliche Natur

Apokalypse im Ackerbau

Traurig sind sie anzuschaun
Die Äcker unserer Zeit
Felder bis zum Horizont und
Monokulturen weit und breit

Feldblumen nicht zu finden
Heilende Kräuter nicht mehr da
Bienen Hummeln Schmetterlinge
Marienkäfer und Grillen
Selbst die flinke Zauneidechse
Ist weg oder macht sich rar

Lang ist es her da ich im Grase lag
Und in des Windes Rauschen
Voller Glück
Dem Gesang der Lerche lauschte

Braunkehlchen Kiebitz
Wachtel Rebhuhn und Fasan
Wo seid ihr geblieben
Wer tat euch *das* an

Mäanderförmig auf den Feldern Spuren
Für den dicken Spritzen - Truck
Weithin auf den Fluren
Ätzender Gülle- und Giftgestank
Er nimmt den Atem Mensch und Tieren
Und macht uns alle krank

Die Wespe beim Frühstück

Allmorgendlich vertrautes Summen
Eine Wespe fliegt heran
Sie mag nicht Gelee und keinen Honig
Nur mein Schinken zieht sie an

Sie fliegt auf meine Hand
Lässt sich friedlich nieder
Das hab ich bisher nicht gekannt
Man lernt halt immer wieder

Wenn dann die Wespe
Überdrüssig ist der Krabbelei
Fliegt sie zu meinem Teller
Und kostet vom Ei

An meinem Schinken
Beißt sie sich dann fest
Davon ein kleines Stückchen
Trägt sie zu ihrem Nest

Du meinst ich sollt sie hauen
Gar erschlagen mit meinem Brett
Sie hat nicht gestochen nur geklaut
Das find ich noch ganz nett

Leben wo die Kräuter wachsen

Wo Arnika Knabenkraut und Bärwurz sprießen
Wo auf der bunten Blumenwiese
Sich Milliarden Insekten laben
Wo liebliche Düfte mich umwehen
Darf ich tätig sein leben Freude haben

Viele Leute voller Sorge
Pflanzen Insekten Vögel stürben aus
Beginne heute nicht erst morgen
In dem Garten gleich an deinem Haus
Nie vergeblich sind die Mühen
Bringen Freude in dein Leben
Mit Blühen und mit Streben

Niederknien und Pflänzlein pflegen
Wildbienen Falter und Käfer hegen
Reptilien Igel und Fledermaus
Brauchen im Winter ein sichres Haus
Sollen mehr Vögel in meinem Garten leben
Sollt ich jeder Art einen Nistplatz geben

Wenn die Sonne früh aufgeht
Ich im Garten die Vögel locke
Wie sie auf dem Dachfirst hocken
Singt ein jeder sein Morgenlied

Stimmen aus der Nacht

Wenn ein Sommertag geht zur Neige
Und die Nacht bricht herein
Betört mich des Waldes Rauschen
Mit keinem würde ich tauschen

Frösche quaken im nahen Weiher
Käuzchen und der Uhu schrein
Die Igelfamilie streift am Zaun vorbei
Ein Reh schreckt oben am Waldessaum
Zu seinem liebsten Schlafbaum
Fliegt über dem Tal ein Reiher

Wandrer auf dem Weg nach Haus
Schwatzend treten aus dem Wald heraus
Ermüdet von der langen Tour
Strebt ein jeder seinem Hause zu
Auf einer Bank unter einer Eibe
Singen junge Leute alte Lieder
Ich wünscht sie würden länger bleiben
Oder kämen morgen Abend wieder
Ein Pärchen turtelt in tausend Freuden
Bald schon werden Hochzeitsglocken läuten

Ein Gewittersturm naht sich mit Brausen
Hebt an die Wälder arg zu zausen
Wie ein Grashalm biegt sich jeder Baum
Zuckende Blitze erleuchten meinen Raum
Grollen des Donners erst fern dann ganz nah
Und ganz langsam wieder weit und weiter

Erfrischender Regen macht das Atmen leichter
Das Unwetter zieht ab die Ruhe kehrt wieder
Vom Gleichmaß fallenden Regens
Schließen sich meine Lider
Tiefer Schlaf in Traumes Segen

Zaghaft erhebt sich die Morgenröte
Weckt Rotschwanz und Singdrossel zum Gesang
Die Nachtigall der Götter Liebesbotin
Erfreut mich mit süßer Lieder Klang
Begleitet deine zärtliche Liebkosung
Ich wiege dich in meinem Arm ganz sacht
Bis ein neuer schöner Tag erwacht

Sterbende Fichten

Ein Spaziergang durchs Revier
Für Geist und Körper ein Pläsier
Doch nun ist selbst erkrankt der Wald
Jeder Baum eine jämmerliche Gestalt

Eine Fichte bekommt wenig Licht
In Plantage wachsend wenig Raum
Ein Schritt nur von Baum zu Baum
Dieses Wald zu nennen verbietet sich

Doch liebe ich des Reviers frische Luft
Von Holz Blüten Pilzen aromatischen Duft
Ging neulich erwartungsvoll hinaus
Der Anblick war ein Graus

Vom Borkenkäfer arg geschunden
Sah sie erste Fichte traurig aus
Harz in Strömen floss heraus
Von weit oben bis ganz unten

Weiter ging ich durch den Schlag
Sah noch Schäden der gleichen Art
Ohne Regen so war mein Sinn
Ist der ganze Schlag in Kürze hin

Auch gestern ging ich zum Berg hinauf
Knietief kein Wasser in der Erde
In den Wipfeln alle Nadeln braun
Aus dem Schlag kann nichts mehr werden

Riesige Polder an allen Wegen
Bäume die zu jung gefällt
Holz mit Verlust an Wert
Für die Natur und auch Geld

Viele Fichten musste ich sehen
Die Miseren nicht überstehen
Von Politikern Managern verdorben
- Und was wird morgen

Am Erlensee

Die Natur lernt ich kennen als Knabe
Kannte Felder und Wälder rings umher
Sah Fuchs Dachs Rebhuhn und den Raben
Rannte erfolglos Hasen hinterher

Ging am liebsten über Wiesen
Hin zum schönen Erlensee
Sah die Gräser Blumen sprießen
All die Vögel in der Höh'

Das Wasser bewegte sanft der Wind
Ruhig schwamm die kleine Entenschar
Der Haubentaucher wiegte sich im Schilf
Ein Anblick anmutig und wunderbar

An einer Erle dem noch jungen Baum
Hatte ich meinen ersten Liebestraum
Baum und ich konnten es nicht wissen
Später würde ich noch andere küssen

Nach langen Jahren komm ich hier vorbei
Wo ich als Kind viel Zeit verweilt
Ich halte an stapfe durch die Wiesen
Finde einen großen Baum meine Erle wieder

Kiebitze haben sich davon gemacht
Dafür ein Reiher am Ufer wacht
Das Braunkehlchen ist längst fort
Der See ist immer noch ein schöner Ort

Vom Grund herauf bewegt sich ein Schlei
Frische Luft zu holen oder Mücken fressen
Ein Hecht schnapp zu da ist's für ihn vorbei
Auch ich hätt ihn gern gegessen

Tod eines Wildschweines

Von einem Wildschwein bekam ich Kunde
Neulich abends an des Waldes Rand
Wie es gelebt und dann sein Ende fand
Ist hier im Wald in aller Munde

Von Mutter Bache hat es viel gesehen
Wie man findet Trüffel Käfer Asseln
Dem Frischlingsalter ist es entwachsen
Will nun allein auf Nahrungssuche gehen

Wunderbare Düfte aus des Försters Garten
Wurzeln Engerlinge Äpfel mit Maden
Schmatzend genießt es die Leckerbissen
Das Wildschwein schwelgt in Hochgenüssen

Ein Schuss fällt - bum krach -
Das Schwein schafft es bis zum Bach
Dort fällt es um ist mausetot
Unter ihm die Erde färbt sich rot

Der Förster lädt zum Schüsseltreiben
Des Försters Frau das Mahl bereitet
Viele Gäste sind nun angereist
Genüsslich wird das Borstenvieh verspeist

Bioladen Natur

Im Supermarkt kann man viele Waren kaufen
Sich an langen Regalreihen Blasen laufen
Das Überangebot macht Kunden schwindlig
Beschwerlich das richtige zu finden

Fertigsuppen die ich niemals esse
Kartoffelsalate die schwer im Magen liegen
Viel Süßes von dem Kinder Karies kriegen
Und für viele andere Sachen kein Interesse

Gesundes Essen gibt es kaum
Das biologisch sorgfältig angebaut
Dafür Billigwaren aus aller Welt
Meist umweltschädlich hergestellt

Hast du einen schönen Garten
Und sei der noch so klein
Musst auf gutes Essen du nicht warten
Unter deinem Fenster wächst es fein

Möhren Radieschen Kohl Spinat
Sellerie Bohnen Erbsen und Salat
Zwiebeln Paprika Tomaten und Lauch
Selbst Kartoffeln und Blumen auch

Für den Geschmack den ganz feinen
Braucht man nur ganz wenig Platz
Für Gewürze eine Spatenlänge im Quadrat
Bepflanzt mit Kräutern sollte reichen

Dill Borretsch Melisse und Petersilie
Salbei Thymian Olivenkraut und Pimpernelle
Schnittlauch Rosmarin und Basilikum
Ampfer Oregano Knoblauch und Estragon

Als Pesto oder tiefgefroren aufbewahrt
Kräuter machen dir die Küche reich
Bis zum Frühling hast du freie Wahl
Familie und Gäste werden dankbar sein

In freier Natur findest du noch mehr
Beifuß Giersch Bärlauch und Knoblauchrauke
Gundermann Brunnenkresse und Scharbockskraut
Und was Felder und Wiesen geben her

Ausprobieren hilft Kräuter zu verstehen
Und Freunde die gute Tipps dir geben
Mit jeder Mahlzeit wächst dein Wissen
Was du gewonnen willst du nie mehr missen

Metamorphose des Frühlings

Der Frühling kommt sagt der Kalender
Zugvögel kehren aus dem Süden heim
Zeitig setzen ihre Morgenlieder ein
Schnell werden unsere Tage länger

Der Winter war viel zu mild der scheidet
Wie so oft bleibt üppiges Tauwetter aus
Am Hochwasser muss das Tal nicht leiden
An Quellen fließt zu wenig Wasser heraus

Der Wald kann Wasser nicht speichern
Das nicht herunter regnet oder schneit
Viel zu trocken ist schon jetzt die Erde
Was soll dann erst im Sommer werden

Zwei trockene Sommer sind vergangen
Müssen wir wieder um die Ernte bangen
Werden Wälder und Felder wieder brennen
Feuerwehren machtlos gegen Flammen rennen

Der Klimawandel hat uns in der Zange
Aus maß- und grenzenloser Gier und Frevel
Wann endlich werden wir verstehen
Dass die Gesellschaft *weltweit* krankt

Mäusealarm

Ein lauter Schrei von irgendwo im Haus
Kann nur heißen Spinne oder Maus
Nachzuschauen steig die Treppe ich hinan
Sieh zwei Knopfäuglein schaun mich an

Mäuse im Haus findet niemand gut
Auch nicht ein Mäusenest in Vaters Hut
Zehn Mäuschen eng gekuschelt ganz nackt
Schals und Handschuhe ringsum bekackt

Wurst und Schinken wurden angefressen
Auch die Pasteten für das Abendessen
Löcher an der Dielung und den Wänden
Und Geruch das muss ich beenden

Auf frischer Tat die flinke Maus erlegen
Mit Buch und Holzpantine könnt es gehen
Schon Goethe riet zu gebrannten Schwarten
Auf dass der Tod die Mäuslein erwartet

Viel Erfolg haben meine Mühen nicht
Aber mein Kater hält ein Strafgericht
All die Nager hat genüsslich er verzehrt
Unser schönes Heim ist wieder mäuseleer

Ich bin Bauer

Ein Bauer bin ich und sehr stolz darauf
Baue und liefere alles was Menschen essen
Woher die Speisen kommen wird oft vergessen
Wie die vielen anderen schönen Sachen auch

Schon als kleines Kind war Natur mir lieb
Hatte Hamster Kaninchen und was sonst es gibt
Zwerghühner und Tauben kamen später hinzu
Nachbarn sprachen von einem ganzen Zoo

Unsere Felder waren sauber Unkraut minimal
Bücken hacken hieß es wenn es zu sehen war
So auch in den Ställen *trocken* standen dort
Kühe Schweine Pferde auf frischem Stroh

Im Traum seh ich Felder mit Streifen rings um
Bäume Sträucher ein Schutz gegen Wind und Sturm
Haselstrauch Weißdorn Mehlbeere und Birne
Berberitze Brombeere Eberesche und Quitte

Felsenbirne Kirsche und Holunder schwarz
Sind gesund für Mutters Küche größtes Glück
Zwetschge liefert Mus für jedes Frühstück
Und am Mittagstisch dem Vater einen Schnaps

Bin kein Märchenonkel doch ein Bauer
Und sie war einmal diese schöne alte Kultur
Nachhaltig war die Arbeit auch sehr sauer
Heutige Landwirtschaft geht gegen die Natur

Die ganze Menschheit steht am Scheideweg
Zu nachhaltigem Klimaschutz oder Profit
Einen dritten Weg gibt es leider nicht
Zögern führt dahin dass nichts mehr geht

Als Bauer schaue genau - bin Realist
Was über Jahre aus Natur geworden ist
Windschutzstreifen sie sind abgeholzt
Wind treibt den Staub Böden ausgetrocknet
Weiher und Tümpel sind verödet
Energiepflanzen in Monokultur sind ruinös
Kornblumen und Kamille sind tot gespritzt
- Selbst auf all den Nachbarflächen
Insekten Singvögel wie ausgestorben
Wachtel Fasan Rebhuhn und Kiebitz weg
Jäger und Feinschmecker sind entsetzt
Bachläufe Wasserquellen verseucht
Gedankenlos gespritzt Nitrat und Gülle
Pestizid auf Pestizid das ist nicht gut
Und bringt Freunde der Natur in Wut
Doch weil die Ökonomie mich gängelt
Kann ich das allein nicht ändern

Viele der Gesetze find ich ungesund
Und das hat einen gewichtigen Grund
Politik und Konzerne eng verbunden
Haben falsche Ökonomie mir aufgezwungen

Eine Ökonomie die mir die Luft abschnürt
Und Konzernen Riesengewinne garantiert
Nur wenn Politik sich ändert radikal
Werd die Bewirtschaftung ich wandeln

So komm' ich endlich zu dem Schluss
Dass ich Bio-Bauer werden muss

Apotheke Natur

Unsere Vorfahren kannten hunderte Mittel
Die den Doktor und den Apotheker sparten
Für ihren Gebrauch bedarf es eines Wissens
Das wir aus Bequemlichkeit verloren haben

Das kleinste Wehwehchen verführt zum Griff
Nach der Salbe dem Spray oder einer Pille
Es ist mir nicht bewusst doch nehm ich Gift
Das bestimmt die Werbung nicht mein Wille

Ein andrer Aspekt der reimt sich auf Natur
Die Kenntnis der Kräuter ist auch Kultur
Der Gang macht Spaß durch Wälder und Auen
Mit Gesammeltem abends einen Tee zu brauen

Wenn das Unruhe und Schlafstörung behebt
Oder Wohlbefinden sowie den Geist belebt
Dann ist für die Gesundheit viel getan
Und die Freude an Kräutern fängt nun an

Spitzwegerich Beinwell und Löwenzahn
Scharbockskraut Arnika Bärwurz und Günsel
Wermut Gundermann Schlehe und Ahorn-Blätter
Mauerpfeffer Salweide und Schafgarbe
Ein kleiner Auszug aus einer großen Liste
Dessen was von Natur man nutzen müsste

Was wir außerdem in der Natur gewinnen
Gesunder Atem und Schärfung der Sinne
Alles was intakte Natur uns allen bringt
Und wir unserer Umwelt schuldig sind

Gesang der Feldlerchen

Zwischen Dorf und Baum umkränztem See
Ein Terrain mit Wiesen Bach und Feldern
Und Hainen mit Birken und auch Kiefern
Ein Spielrefugium für Jugend und Kinder

An einem Frühlingstag wolkenlos und warm
Stöcke oder Flöte schnitzen Hasen jagen
Um die Wette rennen Verstecken spielen
Eine Kiesgrube dient als Fußballfeld

Getreide und Kartoffeln stehen alle gut
Vögel Hamster und Hasen sind zu sehen
Inmitten des Weizenfeldes Rehwild äst
Weit oben dreht ein Habicht seine Runde
Zwischen Mohn Kornblume und Disteln
Hab ich ein Lerchennest entdeckt

Gut getarnt geduckt sitzt da die Henne
Und brütet Eier aus - bald schon schlüpfen
Als muntere Kinderschar kleine Küken
Lerchenhähne durch die Lüfte fliegen
Auf und ab fangen allerlei Insekten
Ihre Küken auf dem Nest zu füttern

Im Singflug kreisen sie am Himmel hoch
Im grellen Sonnenlicht kaum zu sehen
Sie zirpen rollen trillern ihre Melodie
Rhythmisch wiederholt in rascher Folge
Fest eingeprägt hat sich mir ihr Gesang
Als Symbol des Sommers ein Leben lang

Das alles ist schon viele Jahre her
Die wunderbare Idylle gibt's nicht mehr
Der Gesang der Lerchen ist verstummt
In den Feldern kaum noch eine Biene summt

Bärlauchzeit

Als Feinschmecker bin ich auf Tour
Suche ich Schmackhaftes in freier Natur
Bärlauch ist eines der besten Kräuter
Die in gesunden Speisen mich erfreuen

Ein enges Tal Laubbäume werfen Schatten
Ein munterer Bach im feuchten Grund
Mein erster Eindruck ist sehr bunt
Ich atme auf hier müsste Bärlauch wachsen

Doch bald bin ich zutiefst enttäuscht
Der Talgrund ist vermüllt weit und breit
Essbare Kräuter finde ich hier keine
In Unkräutern Brenneseln meine Beine

Unter grünem Teppich Gartenabfälle verstreut
Mit Dachpappe Schrott und Plastikstücken
In Massen Scherben von Glas und Porzellan
Heillose Idioten taten der Natur das an

Der Tag ist gründlich mir verdorben
Aus dem Pesto kann heut nichts werden
Optimistisch hoffe ich auf morgen
Falls ich an andrer Stelle finde mehr

Neugier auf Natur

Gern geh ich in die Natur hinaus
Mein Weg dahin ist gar nicht weit
Bergwiesen Wälder beginnen am Haus
Im Tal vor mir Sümpfe und Weiher
Viel ist zu sehen an Tieren und Pflanzen
Wo Neugier reichlich Nahrung findet

Schauen Hören Riechen genügt nicht mehr
Was dahinter steckt interessiert viel mehr
Fernglas und Lupe in der Tasche
Zur Erfrischung eine Wasserflasche
Manchmal auch Pinzette und Skalpell
Naturerfahrung die mich erhellt

Fragen mehr und mehr bei jedem Gang
So mein Denken ein ganzes Leben lang
Welche Pflanzen Tiere sind geschützt
Welche Kräuter Früchte kann man essen
Was statt Pillen der Gesundheit nutzt
Und was ist giftig für uns Menschen

Solche Fragen reiften seit Jahrzehnten
Was kann ich tun für mehr Insekten
Soll ich Vögeln Futter im Sommer geben
Welche Lebewesen drohen auszusterben
Aufzuhalten das Dilemma ist viel zu tun
Für Naturfreunde keine Zeit um auszuruhen

Endlich Regen

Seit Wochen herrscht drückende Hitze
Die gesamte Landschaft trocknet aus
Menschen müssen furchtbar schwitzen
Für alle Wesen ist da ein Graus

Arbeit kann man schwer ertragen
Doch sie darf nicht liegen bleiben
Alte Leute Babys besonders leiden
Totenglocken läuten fast alle Tage

Tiere auf Hof und Weide haben Durst
Suchen unter Bäumen Büschen Schutz
Tiere des Waldes suchen Wasser
Sammeln sich an Bach und Weiher

Die sind schon fast vertrocknet
Am Boden stinkender Schlamm
Tiere fressen Moos und Flechten
Und knabbern kleine Bäumchen an

Vögel ziehen sich zurück in Fichten
Die noch nicht vertrocknet sind
Oder suchen nach alten Pfützen
Wo sie noch Wassertröpfchen finden

Am Horizont dunkle Wolkenhaufen
Heftige Windböen kommen auf
Wirbeln Staub und rütteln Bäume
Von der Leine fegen sie die Wäsche

Blitze zucken und Donner grollt
Das Unwetter ist schon sehr nah
Aus großer Höhe Hagel prasselt
Zerstört Gemüse Blumen und Salat

Dann fällt Regen wie aus Eimern
Über sein Ufer tritt der Bach
Überschwemmt Straßen und Felder
Zieht tiefe Furchen in das Land

Rasch wie das Gewitter kam
So schnell zieht es wieder ab
So fließen die Wassermassen
hinab in die Flüsse ohne Rast

Und wieder scheint die heiße Sonne
Leckt Tropfen und alle Pfützen fort
Schwül ist es wieder und trocken
- Nicht die Erlösung wie erhofft

Begreift ihr Leugner und Zweifler
Klimawandel ist in voller Fahrt
Und wird er schlimmer jedes Jahr
Der Mensch ist schuld in seiner Gier

Allee des Leidens

Akkurat gestutzt maßgerecht
Die Bäume der feinen Prachtallee
Doch den Bäumen geht es schlecht
Und ihnen hilft kein Ach und Weh

Man nennt sie auch Straßenkinder
Die zur Schau dahin gepflanzt
Im ungesunden feuchtwarmen Smog
Nässe und Streusalz im Winter

Gleiches Alter einzeln am Rande
Bäume leiden ohne Familienbande
Gleiche Baumart weit und breit
Massenschädlinge kommen herbei

Schwere Schäden an Rinde und Borke
Von Unfällen rasender Idioten
Formbeschnitt schadet den Wurzeln
Pilzbefall - der Baum stirbt in Kürze

So ein Straßenbaum lebt nicht lang
Der doch 500 Jahre werden kann
Stirbt im zarten Kindesalter
Durch Kettensäge und den Spalter

Feuerteufel

Dunst ist die Welle
Staub ist die Quelle!
Stumm sind die Wälder
Feuermann tanzet über die Felder!

Helfershelfer hat der Feuermann
Jederzeit und überall
Gegenwart ist rekordverdächtig
Klimawandel übermächtig
Natur ist allein nicht schuld
Menschen haben es gewollt

Drückende Hitze in der Stadt
Schlaflosigkeit des Nachts
Klimaanlagen lärmen
Straßenbäume sterben

Großraumflächen die Felder
Zugeschüttet Gräben Weiher
Verkümmert Mais und Getreide
Schutzwaldstreifen leider keine
Verkehr kommt zum Erliegen
Weil Staubwolken über Straßen ziehen

Braun gefärbt die Wälder
ganze Reviere abgestorben
Sträucher und Kräuter verdorben
Ausgetrocknet die Quellen
Viele Vögel sind tot
Kleingetier und Pilze arg in Not

Nimm dich in Acht
Eh' du erwacht
Holt dich die Mutter
Heim in die Nacht!

Herbsttage

Herbsttage trüb und grau
Herbst nimmts mit dem Sommer auf
Farbenvielfalt, wohin man schaut
Heißer Sommer macht Blätter welk
Jetzt werden sie bunt und bunter
Sonnenstrahlen brechen sich
In Gespinsten, Reif und Tau
Zu tausend vielfarbigen Strahlen
Angenehm kühl ist jetzt die Nacht
Und unter klarer Sternenpracht
Schaut gütiger Mond ins Fenster
Gibt acht, dass ruhig wir schlafen
Reifendes Obst in üppiger Menge
Lockt viel Getier in den Garten
Wespen laben sich an Birnen
Igel tragen Fallobst davon
Ein Reh knabbert an grünen Spitzen
Der Fuchs sucht Mäuse zu erhaschen
Nicht lang und Stürme brausen
Übers Land - deckt Dächer ab
Bricht Bäume um, Bäche überlaufen
Für Kinder bringt das Freuden
Sie lassen bunte Drachen steigen
Bunte Blätter, Kastanien, Eicheln
Sammeln sie zum Basteln ein
Große Mädchen sind nun leidend
Weil vorbei ist die warme Zeit
In enger Kleider zeigten Mieder
Weg sind all die Burschen wieder

Lux

Neugieriger offener Blick
Zwei Katzenaugen schaun mich an
Ich wende meinen Blick dahin
Trete an den Zaun heran
Pinselohren kurzer Schwanz
Anmutig die Gestalt
Der Lux der vor mir steht
Von Natur aus heimlich und scheu
Weicht keinen Schritt zurück
Ruhig bleib ich stehen
Schau nach hier und nach da
Nur selten auf das Tier
Kommt nach einer Weile dicht herbei
(Nein mir ist nicht einerlei)
Begrüßt mich mit Schnurren
Warum ist dieses Tier so zahm
Das in der Natur sich gut versteckt
Bin ich ihm so vertraut
Ist es vermenschlicht durch die Pfleger
Nein nein das darf nicht sein
Auch im Zoo ist das nicht gut
Lasst den Lux ein Wildtier sein
Möglich im geschützten Wald allein

Begehren

Wunderbare Nacht
Ganz besonders blau
Vollmond klar und strahlend
(Ein Jäger spricht von Büchsenlicht)
Solche Nächte eine Plage
Weil ich schlecht schlafen kann
Doch dann geschehen Sachen
Die sind interessant
Ein Tier bellt vor dem Haus
Nein ein Hund ists nicht
Eine Füchsin Fehe genannt
Geht auf Partnersuche aus
Einen Rüden schnell zu finden
Und Familie gründen
Warum soll sie nicht begehren
Die eben erwachsen ist
Und muntere Füchslein gebären
Auch wenn Vater Einzelgänger ist
Schon vor wenigen Tagen
Sah ich neue Baue
Angelegt in Gärten
Und noch ein paar im Wald
Der Fehe ist es ernst
Mit ihrem Werben
Will keine Zeit versäumen
Sie treibt die große Sorge
Den Rüden mit der tollen Marke
Könnte ihre Schwester finden
Streift durch Wald und alle Gassen

Läuft - bleibt stehen
Bellt bellt bellt
Und das im steten Wechsel
So schallt es durch den Wald
Sie wird wieder bellen - morgen
Ich schließe meine Augen

Kräuterbotschft I

Viel esse ich nicht doch gern
Sehr gut muss es sein
Essen Trinken sind des Lebens Kern
Wohlgeschmack an Abwechslung reich

Die Liebste hat es ausprobiert
Was man auf das Brötchen schmiert
Blüten Blätter der Kapuzinerkresse
Gehackt
Mit Salz in Butter fein geknetet
Fertig der Gruß ganz schnell
Aus dem eignen Kräuterbeet

Kein Belag muss noch darauf
Lecker intensiv ist der Geschmack
Das gibt es nicht zu kaufen
In keinem Supermarkt

Schatz das hast du gut gemacht

Blaubeerenheide

Blaues Licht und grauer Nebel
Von fahlem Rot leicht durchwebt
Die Sonne geht bald auf von Ost
Steh da mit Eimer und Sammellust

In meinem liebsten Blaubeerenrevier
Unter Fichten Eichen und Buchen
Hub sogleich an intensiv zu suchen
Nach zwei Stunden fand ich vier

Nicht Liter nicht Kilo - nein Stück
Konnt mich kaum halten vor Glück
Und fand es außerordentlich vermessen
Dass ich die Beeren gleich gegessen

So kam ich mit leeren Händen heim
Stand hilflos da mit roten Ohren
So kann es gehen einem Toren
Der bei Trockenheit Beeren sammelt ein

Der Klimawandel ist da und akut
Das bracht mich öfter schon in Wut
Und die noch nicht wollen sehen
Sollten mit mir Beeren sammeln gehen

Letzte Blüten

Spätherbst bald schon kommt der Winter
Ein Island-Tief Wind von Nord-Nord-West
Hat hässliche Schneeschauer im Gepäck
Wetter unbeliebt bei Alten und Kindern

Bei Nacht legt sich ein Bodenfrost darauf
Sorge und Neugier treiben mich früh hinaus
Garten und ganze Landschaft weiß bedeckt
Vor mir - im Schotterbeet ein blauer Fleck

Ich trete dicht heran beug mich nieder
Glockenblümchen im Frühling erst gepflanzt
Mit ihrem satten Grün und blauer Pracht
Zur Winterzeit erfreuen sie mich wieder

Parasiten

Lügner Betrüger unter Tieren
Wer hätte das je geglaubt
Vögeln kann das leicht passieren
Die eben ein neues Nest gebaut
Dass ein Kuckucksweibchen dreist
Da hinein legt ihr eigenes Ei

So geschieht es einem Paar
Als Bachstelzen wohlbekannt
Und fängt das Eierlegen an
Fünf Eier liegen da wunderbar
Das Kuckucksweibchen legt hinzu
Ein eigenes Ei fliegt weg im Nu

Ein Bachstelzenei im Schnabel
Pickt es auf um sich zu laben
Der Kuckuck schlüpft bald aus
Wirft alle Eier schnell heraus
Das Einzelkind gedeiht nun gut
Emsig pflegen Eltern ihre Brut

Übt Nachsicht mit dem Kuckuck
Dem Vogel der ein Parasit
Der leidet unter dem Klimawandel
Wie alle Tiere unserer Zeit
Und wer durch unsre Wälder wandert
Hört selten einen Kuckuck schrein

Mutterstolz

Sorgenvoll sucht die Nachbarin
Wo nur ist ihre Katze hin
Seit vierzehn Tage ist sie weg
Suche Rufen Locken ohne Zweck

Hat ein Auto sie überfahren
Oder jemand das Tier gefangen
Oder ist sie weit davon gelaufen
Hat gefunden ein neues Zu Hause

Was die Nachbarin nicht ahnt
Es gab nachts so ein Theater
Mit einem wohlbekannten Kater
Bei dem einiges sich angebahnt

Und siehe ein Tier das maunzt
Streicht uns allen um die Beine
Und im Gefolge Kätzchen kleine
Nicht nur eins - fünf an der Zahl

Sie macht stolz die Kleinen bekannt
Mit uns den lieben Nachbarn allen
Und weiß dass sie uns gefallen
Bei Menschen Mutterstolz genannt

Stimmen des Frühlings

Im Märzen in die Wälder gehen
Freudig die Veränderungen sehen
Ein Gefühl wie neu geboren sein
Mit Macht kehrt der Frühling ein

Mehr noch als das Auge kann
Nimmt das Ohr den Wandel wahr
> *Eiszapfen klingen hell und klar*
> *Eisdecke am Bach reißt und knallt*
> *Hallt wider von den Bergesgipfeln*
> *Fön rauscht in den hohen Wipfeln*
> *Bächlein glucksen unter Schollen*
> *Frischlinge quieken und tollen*
> *Wühlen im dünnen Schnee und Laub*
> *Bache friedlich grunzt und wühlt*
> *Die ohne Frage sauwohl sich fühlt*
> *Graureiher durch den Weiher waten*
> *Specht sucht Bäume ab nach Maden*
> *Sein Trommeln hört man Meilen weiter*
> *Andere Vögel zwitschern heiter*
Nur einer lauscht und steht still
Weil ich den Frühling hören will

Krinitz im Winterland

Weiß geworden ist der Wald
Da wo der Krinitzvogel lebt
Über Nacht hat es geschneit
Der Waldboden total verweht

Er heißt Fichtenkreuzschnabel
Der Volksmund nennt ihn Krinitz
Lebt zumeist von Fichtensamen
Andre Nahrung gibts jetzt nicht

Unmengen Fichten sind gefällt
Und noch viele mehr verdorrt
Zapfen am Boden sind verdeckt
Dem Krinitz laut der Magen knurrt

Manchmal wird im Wald gescharrt
Nach Eckern Eicheln Nüssen Zapfen
Und von dem was übrig bleibt
Der Krinitz etwas einverleibt

Zweifacher Herbst

Der Herbst hat sehr verschiedene Seiten
Freundlich hässlich stürmisch und zahm
Zaust Menschen Bäume nicht die Weiden
Am Bach die gestutzt sie sind nun kahl

Gestutzt wie mein eigen greises Haupt
Die Äcker sind gefurcht wie meine Haut
Der Herbst scheint uns doppelt gegeben
Wie jährlich die Natur - und mein Leben

Zeig mir Herbst was du zu bieten hast
Alle Früchte in Natur Feld und Garten
Wir wollen pflücken könnens nicht erwarten
Sammeln und tragen heim die gute Last

Die bunten Farben sagen mir halt ein
Man kann sie nicht nach Hause tragen
Schau lange hin sie sind genau wie Wein
Rühren und beseelen dich in reifen Jahren

Welche Freuden sind mir zugeschrieben
In des Lebens goldnem launigem Herbst
Bin geduldig lass mich nicht verdrießen
Sicher kommt ein hoffnungsvoller März

Januarnacht

Hochdruck melden
Meteorologen
Die sonst logen
Eisige Kälte
In der Nacht
Bin hellwach
Trete hinaus
Vor das Haus
Beängstigende Stille
Sternenklarer Himmel
Und der volle Mond
Zähle Schafe
Kann nicht schlafen
Voller Sehnsucht
Nach süßem Mund

An den Kiebitz

Kiebitz von den feuchten Wiesen
Wo Gräser bunte Blumen sprießen
Zwischen baumbegrenztem Weiher
an welchem fischt ein Reiher
Und dem Fluss dem quirligen
Dein Nest im Grase gut versteckt
Damit kein Feind es je entdeckt

So höre Kiebitz meine Mahnung
Der du kennst all die Gefahren
Die dir und deinen Kindern drohen
Da ist der Mensch der dich beklaut
Die frischen Eier in die Pfanne haut
Wenn der Fluss übers Ufer tritt
Reißt er Nest und Kinder mit
Fuchs Iltis und der Otter
Streunen in deinem Revier umher
Suchen nach Beute kreuz und quer
Wenn sie dein Nestlein finden
Das ist das Ende deiner Kinder

Ich mag dein *kie-wit*
Und auch dein *wit-wit-wit-wit*
Deine quicklebendigen Küken
Wenn sie Käfer Larven picken
Im Maien über Wiesen gehen
Und euch immer wieder sehen

An die Lerche

Du bist der Raffgier großes Opfer
Bist schon lange nicht mehr da
Sangest hoch am Himmel jeden Sommer
Leider ist das nicht mehr wahr

Schnöde hat man dich vertrieben
Mit Intensivwirtschaft und Gift
Und alle Menschen die dich lieben
Wünschen dich ganz schnell zurück

Die dies wollen werden mehr und mehr
Sammeln sich zur starken Kraft
Die den Umweltsünden rings umher
Endlich mal den Garaus macht

Stell dir vor du fändest wieder
Im Getreidefeld Insekten Kräutersamen
Und Brutgelegenheit im Grase
Und sängest uns deine lustigen Lieder

Spaziergang im Hornung

Waldspaziergang in der Früh
Schnee reicht bis zum Knie
Beschwerlich ist das Gehen
Beine tun furchtbar weh
Schuhe Strümpfe zieh ich aus
Schneetreten stärkt den Körper
Wenn Füße und Waden prickeln
Zieh ich die Schuhe wieder an
Im Weitergehen kommt die Hitze
Bringt den Kreislauf mir in Tab
Abwurfstange mit sechs Enden
Einsam liegt im Schnee
Kann die zweite nicht finden
Nach der Schmelze dann zu sehen
Nehm sie einfach mit nach Haus
Häng im Korridor sie auf

Tier und Tier

Das Grundstück hoch im Wald
Wo nachts Kauzes Ruf erschallt
In der Mitte steht nun ein Haus
Glücklich schauen Menschen raus
Die leben hier nicht ganz allein
Jede Nacht stellen sich Gäste ein
Fuchs Dachs Igel Reh und Marder
Und immer auch Nachbars Kater
Kommen herbei - sie kennen sich
Streit gibt es bei ihnen nicht
Gestern sah ich ein Video an
Im Vollmond kam der Marder an
Auf Holzmulch in dem Blumenbeet
Wo er sich genüsslich aalt und rekelt
Er läuft davon kommt gleich wieder
Reckt streckt noch mal die Glieder
Fuchs Dachs Igel Reh und Marder
Fühlen sich noch immer wohl
Wir Zugezogenen sind die Partner
Derer die lange schon hier wohnen
Was Mensch aus Eigennutz so tut
Bisweilen auch für Tiere gut

Jemandes Heimat

Mit Blindheit scheint geschlagen
Den man der Schöpfung Krone heißt
Mit schnöder Nonchalance alle Tage
Müll in die Umwelt schmeißt
Nicht entschuldbar diese Lässigkeit
Verbrechen das zum Himmel schreit
Tiere Pflanzen Menschen sterben
In Umweltgiften Schmutz und Scherben
Nicht einzelner Mensch allein
Macht solche Schweinereien
Viel schlimmer noch Konzerne
Die wohl niemals lernen
Zerstören Länder und Regionen
Wo niemand und nichts kann wohnen
Wann wird uns ein Lichtlein werden
Entscheidende Erkenntnis
Dass jeder kleine Fleck auf Erden
Jemandes schützenswerte Heimat ist

Nichts darf als unwert gelten
Das Mutter Natur höchst selber
Zum Leben hat bestimmt

Suche nach dem Faun

Wo find ich ihn
Wo versteckt er sich
Vielleicht ist es
Das Vergissmeinnicht am Zaun
Die prächtige Rose
Die mit ihrer Schönheit prahlt
Der Mauerpfeffer
Der wohlig in der Sonne badet
Im Beet das köstliche Gemüse
Oder der Birnbaum
Der mir schenkt süße Früchte
Der Gott
Den schon die Römer kannten
Ist nicht hier
Und ist nicht da
Er ist überall
Wo er planvoll
Mit sicherer Hand
Unsere Welt gestaltet
Und findet sich immer da
Wo wir Menschen walten
Ist in dir
Und in mir
Im Kopf und in den Händen

Stimmen deiner Welt

Gib acht was sie sagt
Die Welt spricht mit tausend Lauten
      Säuselnder Wind und Sturmgebraus
      Baches Rauschen und Vogelzwitschern
      Rufe des Kauzes und Kichern der Dohlen
      Wiehernde Pferde und blökende Schafe
      Blindschleichen Eidechsen Mäuse
      Auf leisen Sohlen
      Emsig hämmert ein Specht
Musst nicht ängstlich sein
Ob der vielen Stimmen
Tönen deinen Kummer weg
Erfrischen deine Sinne
Dein Gefühl sagt *bin daheim*

Alte Eiche

Mein Herz hängt an dir
Möcht dich nie mehr missen
Bist mir Berater Lehrer
Meine Ruhepunkt
Wie ein Vater
Stark mein Drang in die Fremde
Übermächtige Sucht nach Glück
Kein goldenes Kalb
Erkenntnis habe ich gefunden
Liebe
Sehnsucht führt zurück
Hast dich kaum verändert
Altern ist relativ
Falten zählt man nicht

Geist und Wesen

Eindrucksvoll
Der Baum der vor mir steht
Dick und knorrig
Etwas schief sein Stamm
Gewaltig ausladend seine Krone
Will er etwas sagen
Oder hat er an mich Fragen
Ich kann ihn deutlich hören
Der gar nicht reden kann
Lädt mich ein
Zieht mich förmlich an
In seinem Schatten Platz zu nehmen
Am Stamm mich anzulehnen
Atme bedächtig seine Weisheit ein
Baumes Geist und Wesen
Mit dem meinen ewig vereint

Daheim

Dorf adieu

Deinem Dorf gibst du den Abschied
Hast du das wirklich gut bedacht
Hier sang die Mutter dir das Wiegenlied
Hat fürsorglich deinen Schlaf bewacht

Dein Kindergarten von der schönsten Art
Fernab von Trubel Lärm und Staub der Stadt
Alle Kinder wurden liebevoll behandelt
Gerade so wie Pflänzchen in einem Garten

Mit Pfeil und Bogen warst du auf Pirsch
Hasen zu schießen oder einen Hirsch
Messer Faden Driesel in der Tasche
Kaulquappen hieltest du in einer Flasche

In der Schule warst du vorn dran
Lehrer hatten für jeden immer Zeit
Und wenn Mitschüler nicht verstanden
Zur Hilfe warst du stets bereit

Alle Leute kennst du die hier leben
Alle sind dir freundlich stets gesinnt
Auf alle kannst du dich verlassen
Das ist gut für jugendliches Streben

Hast viel gelernt und viel erlebt
Spieltest Theater sangst im Chor
Beim Fußball standest du im Tor
Schade wenn du nun von uns gehst

Der Abschied ist leider nah
Wir können dich nicht halten
Doch willst du später wiederkehren
Wir empfangen dich in allen Ehren

Was blieb vom Dorf

Ein Dorf besucht' ich gut bekannt
In dem einst meine Wiege stand
Als ich neulich dort gewesen
Suchte was ich sehr vermisste
Und was an Schönem neu entsteht
Das Herz blieb mir fast stehen

Wo Kinder vor den Häusern spielten
Ihr Lachen Rufen das Herz erfreute
Wo sich an Ecken Frauen Männer trafen
Und angeregt über tausend Dinge sprachen
Herrscht nun beängstigende Stille
Fehlt für Geselligkeit der Wille

Der Gasthäuser gab es sieben
Ein einziges ist geblieben
Von zwei Bäckern gibt es keinen mehr
Einen Friseurladen vermisst man sehr
Von Vereinsarbeit und Kultur
Gibt es kaum noch eine Spur

Verwaist ist der Fußballplatz
Der so tolle Spiele gesehen hat
Handwerksbetriebe sind ausgerottet
Werkzeuge Maschinen verschrottet
Der Steinbildhauer meißelt weiter
Denn gestorben wird zu allen Zeiten

Wie auch ich sind viele fort gezogen
Haben anderswo ihr Glück gefunden
Doch kann man wirklich glücklich sein
In grauer Stadt diesem Meer aus Stein
Das Leben ist's das mir Antwort gibt
Was ich mit dem Dorfe hab verloren

Vor all den Dörflern zieh ich den Hut
Die bewahrten ihr geselliges Leben
Wo übern Gartenzaun fliegt ein Gruß
An Nachbarn die Hilfe geben
Wo vom Rentner bis kleinsten Kind
Alle Menschen wohl behütet sind

Unser schönes Land

Eine Anhöhe nicht fern von hier
Mit Felsvorsprung einer Kanzel gleich
Von Zeit zu Zeit wandere ich zu ihr
Die Aussicht ist an Sehenswertem reich

Wälder Berge liegen in sanften Kurven
Davor zieht ein Traktor seine Furchen
Felder Wiesen Bäche Weiher und Seen
Schmucke Dörfer liegen an sanften Höhen

Wie so oft schweifen meine Gedanken
Zu den Leuten die hier glücklich sind
Die hier lachen singen schaffen
Der Natur und Menschen Gutes bringen

Auch denk ich an unermüdliche Alte
Die nach schlimmen Kriegen unser Land
Mit Mühe Liebe Stück für Stück
Mit schönem Antlitz ließen uns zurück

Der Abend naht und ich steig hinab
Geh auf dem Weg nach Haus zurück
Verletzlich ist das Pflänzchen und zart
Das wir nennen *des Menschen Glück*

Komm herein

Tritt herein in meine Welt
Die Welt meiner Gedichte
Mit Märchen aus alter Zeit
und zauberhafte Geschichten

Lass dich ein auf ein Land
Mit lebhaften Dörfern Städten
Bunten Regionen gut bekannt
Und Seen Felsen und Wäldern

Ein Land bedeutender Schätze
Kluger interessanter Menschen
Fruchtbare Wiesen Felder
Reichlich Wild an Futterplätzen

Menschen alle die hier leben
Können stolz sein auf das Land
Es mit aller Liebe pflegen
Sinnvoll nutzen mit Verstand

Heimat die ich meine

Die Landschaft meiner Kindheit
Durch Wälder Felder Wiesen streifte
Wo mich Bäume Vögel Insekten kennen
Und stolze Tiere friedlich grasen
Diese liebe ich wie keine
Werde niemals von ihr lassen

All die Menschen die hier leben
Die sehr klug doch einfach sind
Ob jung alt ob laut oder leise
Ob schwarze gelbe oder weiße
Ob zugereist oder hier gebürtig
Sind alle meiner Freundschaft würdig

Kultur mag ich und ihre Vielfalt
Ob ererbt oder neu kreiert
Gelesen gesprochen oder gespielt
Im Chor gesungen getanzt im Reigen
Ich liebe Leute die Neues schaffen
Und so das Leben schöner machen

Unser Land muss für alle offen sein
Die hier wohnen leben Hilfe suchen
Allen muss man dieses Recht gewähren
Heimatrecht niemand soll beschneiden
Bisweilen wird *Heimat* mir vergällt
Weil manchen meine Liebe nicht gefällt

Die Fremdenhass und Zwietracht schüren
Offen böse Reden führen
Sie wollen die Gesellschaft spalten
Da heißt es fest zusammen halten
Nach Frieden und Eintracht streben
Gut nachbarlich zusammen leben

Bergwanderers Lied

Mein Tagewerk hab ich vollbracht
Ich zieh mir an die Wanderschuh
Hinterm Haus erwartet mich der Wald
Mir winken schon die Berge zu

Liebliche Dörfer unten im Tal
Das Mühlrad dreht sich am Bach
Am Himmel der Rotmilan kreist
Der Sommerwind säuselt leis

Am Waldrand empfängt mich ein Duft
Von Fichten Buchen und Kastanien
Meinen Lauf beflügelt reinste Luft
So wie im märchenhaften Arkadien

Liebliche ...

Ein kleines Fläschchen im Gepäck
Mit Bärwurz und dem Branntewein
Das unterwegs mein Labsal sei
Und meine Fröhlichkeit erweckt

Liebliche ...

Ein Päckchen hab ich auch dabei
Mit Käse Schinken und auch Ei
Speise froh am Lieblingsplatz
Und schau vergnügt in Tal hinab

Liebliche ...

Bald schon ist der Gipfel nah
Jede Richtung will ich schauen
Nach den hohen Bergen allen
Nach Tälern weit und Auen

Liebliche

Auf fernen Gipfeln kann ich sehen
Burgen und manche Wanderhütte
Wo ich mit Freunden oft gewesen
Und meine Liebste herzlich küsste

Liebliche ...

Heimatklänge

Jahre vergingen viele ungezählt
Seit ich mein kleines Dorf verließ
Nachts erinnern mich die Töne
Klar und deutlich und lieblich süß

    Deine Klänge ich herzlich liebe
    Heimat meine in weiter Ferne
    Gedanken sind bei dir geblieben
    Nach Hause käm ich zu gerne

Glockenschlag der kleinen Kirche
Die Familie wohnt dort nebenan
Glockenklang erwärmt mein Herz
Hebt wunderbar die Stimmung an

    Deine Klänge ...

In der Schmiede Hammerschläge
Laut und hell und streng im Takt
Oft sah ich den Schmieden zu
Hufeisen Pflugschar Wagenrad

    Deine Klänge ...

Frühmorgens Milchkannen scheppern
Am Dorfrand hört man Ziegen meckern
Pferde wiehern auf der Koppel
Die Kuhherde folgt der Leitkuh Glocke

Deine Klänge …

Aus dem Schulgebäude Lieder klingen
Übung sorgt für Wohlklang jeder Ton
Jeder Tag mit Gesang beginnt
Das hat im Dorfe lange Tradition

Deine Klänge …

Steinseefest

Am Fuß des Pleß gelegen
Zieht sich ein schöner Weiher
An Fischen ein reiches Leben
Drum gibt es hier auch Reiher

Steinsee nennt man diesen Ort
Wo man feiert wenn der Kalmus blüht
Wie jedes Jahr war ich wieder dort
Und wie alle Leute sehr vergnügt

Frauen Männer alt und jung
Junge Burschen schaun sich um
Junge Mädchen kichern schwatzen
Jede will den besten schnappen

Mit roten Haaren Sommersprossen
Lustig schmiegsam bei dem Tanz
Würstchen Bier haben wir genossen
Und nahmen dann im Moosbett Platz

Wir liebten bis der Vollmond schien
Der schien viele Stunden schon
Das tut man wenn der Kalmus blüht
Wir haben in Liebe uns verloren

Im vergangnen Jahr ging ich wieder
Zum Steinseefest das ich so mag
Doch die Süße die ich geliebt
Mit einem anderen im Moosbett lag

Wiederentdeckt

Deutschland ist ein Reiseland
Ob arm ob reich ist es eine Lust
Zu fliegen nur in fernes Land
Da schwillt vor Stolz die Brust

In Heimatnähe wandern ist verpönt
Mosel Rhein Ostsee oder Wasserkuppe
Rennsteig Königstein sind schnuppe
Schließlich ist man Besseres gewöhnt

Klimawandel Artensterben sind Wurscht
Hotels verkeimt Kakerlaken Schimmel
Ist es billig bin ich im siebten Himmel
Am Ballermann still ich meinen Durst

Eine Pandemie hat Schluss gemacht
Einen starken Riegel vorgeschoben
Urlaub wird im Heimatland verbracht
Ferienflieger bleiben am Boden

Ich wollt nicht glauben es ist wahr
Als ich am Rennsteig wandern ging
Hört ich schwäbische Hamburger Stimmen
Auch Bayern Rheinländer waren da

Familien Eltern - Kinder tollen
Zu wandern in sauberer Bergesluft
Der vielen Bäume Erde Pilze Duft
Das zu genießen muss man nur wollen
o jerum jerum jerum
o quae mutatio rerum

Komm herein

Tritt herein in meine Welt
Die Welt der Gedichte
Mit Märchen aus alter Zeit
Zauberhafte Geschichten

Lass dich ein auf ein Land
Mit lebhaften Dörfern Städten
Bunten Regionen gut bekannt
Seen Felsen und Wäldern

Ein Land bedeutender Schätze
Interessanten Menschen
Fruchtbare Wiesen Felder
Reichlich Wild an Futterplätzen

Menschen alle die hier leben
Können stolz sein auf dies Land
Mit inniger Liebe pflegen
Und nutzen mit Verstand

Zauber der Heimat

Heimat ist nicht Gebiet noch Ort
Heimat ein Gefühl von innen
Erinnerungen Gewohntes leben fort
Die ich halte und neu gewinne

Mit erstem Schrei und erstem Blick
In die Welt hört ich Mutters Stimme
Meine Muttersprache - Dialekt
Ich spreche sie noch immer

Sooft ich zu Hause fahre ein
Wo ich geboren meine Berge sehe
Die Warten Burgen Schlösser Seen
Vertraute Autonummern - bin ich daheim

Das Glück vollenden dann die Lieben
Reden wie der Schnabel uns gewachsen
Und schwatzen tanzen singen Lieder
Zauberhafte Gefühle neu erwachen

Illusion von Geborgenheit

Menschen suchen Geborgenheit
Nicht nur heute und morgen
Sicher sein für alle Ewigkeit
Und ohne Kummer und Sorgen

Dies ist leider eine Illusion
Jederzeit kann es passieren
Dass wir unsren Halt verlieren
Keiner bleibt davon verschont

> *Pandemie legt die Gesellschaft lahm*
> *Schwerer Unfall mit der Eisenbahn*
> *Wasser überschwemmt Dorf und Stadt*
> *Ein Tornado deckt die Dächer ab*
> *Krisen verschlingen unser Geld*
> *Klimawandel verdirbt Wald und Feld*
> *Radikale beginnen einen Bürgerkrieg*
> *Ein Kreuzfahrtschiff im Meer versinkt*

Heimat wird total zerstört
Wenn wir sie nicht beschützen
Und nicht unsren Geist benutzen
Was wir schufen zu erhalten

Für Sicherheit und Geborgenheit
Kann es Garantie nicht geben
Wenn Gesellschaft sich vereint
Werden ruhiger wir leben

Brain Storm im Kosmos

Gasthof welcher *Kosmos* heißt
Auf historischem Boden
Wo als Christentum entgleist
Doktor Luthers Eltern wohnten

Sozialismus gerät in Nöte
Investitionen sind sehr rar
Selbstgefällig herrschen Flöten
Jeglicher Sachkenntnis bar

Viele neue Ideen finden
Über Erneuerung reden
Und Fortschritt neu beleben
Das ist unser Sinn

Zwölf Ingenieure sind zusammen
Heißen Rationalisatoren
Tragen ungewöhnliches Know How
Pflegen Austausch zum Nutzen aller

Neue Wirkprinzipien diskutieren
Und schon morgen ausprobieren
Wägen ab was ist gut was nicht
Rücken Manches in neues Licht

Beraten auch direkte Hilfe
Für Produzenten die zu schwach
Die nie konnten investieren
Und pfeifen auf dem letzten Loch

Jedes Treffen ist Geselligkeit
Kultur und kreativer Meinungsstreit
Sind beim Essen und Wein guter Dinge
Und die schönsten alten Lieder singen

Flüchtig Vaterland

Mein Heimatland flieht vor mir
Und nicht nur zum Schein
Rasante Änderungen des Seins
Viele fragen sich *wofür*

Manches selbstverständlich heut
In Europa frei zu reisen
Lernen kennen andre Leute
Genießen unbekannte Speisen

Wollen erfahren wie sie denken
Jenseits früherer Grenzen
Lernen sprechen und verstehen
Wie unsere Nachbarn reden

Verständnis anderer Kulturen
Ihre Trachten und die Tänze
Viele Denkmale und Skulpturen
Interessantes Leben in Gänze

Wie zu Hause spür ich Skepsis
Neben Lob für alles Gute
Und so kommt die Erkenntnis
Europäer all vom gleichen Blute

Alles gut so will ich denken
Sage allen Europäern Dank
Ich misse nicht das alte Land
Das fürchterlich beschränkte

Schwarze Crux

Früh am Morgen gehts hinauf
nach Eisenerz zu graben
Sie Grüßen mit *Glück auf*
Und schuften bis zum Abend

Schäbig sind sie bekleidet
Ihr Werkzeug zum Erbarmen
Wer würde sie beneiden
Familien die bettelarmen

Sie steigen in den Schacht
Der so furchtbar dunkel ist
Viel dunkler als die Nacht
Ohne Sonne - nur Kerzenlicht

Vor Ort hört man sie schlagen
Schlegel Meißel Spitzhammer
Das schwere Erz zu tragen
Rücken schmerzt ein Jammer

Wer die Arbeit nicht schafft
Wird entlassen über Nacht
Mit Buckelbergwerk geht es dann
Auf Reisen durch das Land

Auf dem Jahrmarkt preisen
Was man im Bergwerk tut
Wo es her kommt all das Eisen
Gewonnen in Schweiß und Blut

Damals

Im Kindergarten ausgebüchst
Durch geheime Lücke
Im Zaun geschlüpft
Und du dabei
Wir waren so frei
Mädchen an Zöpfen ziehen
Tafelkreide in Öl getränkt
Lehrer Schweineschwanz angehängt
Im Unterricht mit Krampen schießen
Jeden und alle gern geneckt
Gemeinsam ward es ausgeheckt
Kirschen Birnen Pflaumen
Zu hoch war uns kein Zaun
Am Sommerabend klauen
Mädchen werden interessant
Keine ist mehr prüde
Gehn erwartungsfroh zum Tanz
Im Kopf und Herz nur Liebe
Erstes Vögeln in dem Hain
(Pärchen selten dort allein)
Erfahrungsaustausch am Morgen
- Eltern voller Sorgen
Diverse Richtungen unsre Wege
Berufe Liebe die uns trennen
Sitzen da haben viel zu reden
Feuchte Augen nah am Flennen
Die wir Freundschaft einst gelebt
Mit weißen Haaren vielen Falten
Heißen schnöde nur *Die Alten*

Riesen Häuser

Wohnhaus einer großen Stadt
Mit 990 Balkonen
Ein Wohnhaus wie ein großer Schrank
Darin 990 Familien wohnen
Von Vielen lang ersehnt
In diesem Haus zu leben
Einen macht es krank
Der von einem Riesen träumt
Jener kniet vor besagtem Haus
Neugierig zieht der alle Fächer auf
In 384 erwacht ein Mann
Und findet sonderbar
Über ihm des Riesen faltiges Gesicht
Mit Knollennase und wirrem Haar
Und ringsum der Himmel sternenklar
Ich mag nicht Riesenhäuser
Es genügt ein kleines Heim
An Dorfes Rand
Unter Kronen weiser Bäume

Zurück zur Eintracht

Um ein wenig Luft ich bitt
Die ich zum Leben brauche
Rief laut ein Siedler aus
Der sich mit Nachbarn stritt

Niemand weiß um was es ging
Ich fand es sehr fatal
Ein Wort das nächste gibt
Wiederholt sich viele mal

Ich wünscht es würde anders
Menschen all empathisch wären
Einsichtsvoll und miteinander
Zurück zur Eintracht kämen

Anrüchig

Ein schöner Frühlingstag
Hohe Zeit zum Wandern
Durch Feld und Wald
Von einem Dorf zum andern

Zum übernächsten kleinen Ort
Wo man ein Wirtshaus weiß
Gute Küche und bestes Bier
Die Gruppe setzt zum Spurt

Riesenmonster und Höllenspuk
Luzifer kreuzt unsern Weg
Stinkende Fontänen brauner Regen
Wanderer mit Spritzern übersät
Alle alle kämpfen gegen Ekel
Inferno für Tier und Mensch
Teuflisch Werk die Gülle-Flut

Wanderer nehmen flugs Reißaus
Umweg weg von diesem Acker
Wanderlust ist uns vergangen
Wollen schnell nach Haus

Arkadien

Ich träume von Arkadien
Dem irdischen Paradies
Mit zauberhaften Gärten
Und Früchten honigsüß

Menschen sich alle lieben
Und helfende Hände immerdar
Kunst Kultur in hoher Blüte
Bildung die für alle da

Arkadien ist ein Traum
Geträumt seit antiker Zeit
Weltweit nicht zu finden
Nicht auf fernen Kontinenten

Alles oder nichts o nein
Ich will mich bescheiden
Mit eignem Garten Eden
Will ihn lieben und pflegen

Dass er Nachbarn eine Freude
Augenweide für alle Leute
Und sage allen unumwunden
Ich hab mein Paradies gefunden

Hoffe dass ein künftig Paradies
Jedermann zum Nutzen sei
Für jeden Erdenbürger endlich
Schmach Elend und Not vorbei

Der Schmied

Ping ping ping
Das ist kein Glockenschlag
Harter Hammerschlag des Schmiedes
In gemessenem Takt
vis à vis der Geselle
Auch Zuschläger genannt
Graugelber Rauch aus der Esse
Stickig
Beißender Geruch von Koks Teer Schwefel
Nach Schweiß und Zunder
Schmiedes Handwerk hohe Kunst
Grobe Hände schaffen Wunder
Schmieden Dinge für viele Zwecke
   Scharpflüge und Eggen
   Radreifen Achsen Sensen Beile
   Steigbügel Trensen Hufeisen
   Schwerter Spieße Hellebarden
   Kriegsgeräte viele Arten
   Rüstungen für die Ritter
   Zum Verlies stabile Gitter
   Keine Burg oder Kirche
   Und kein Schloss
   Ohne Zier aus Schmiedeeisen
Ping ping ping - Der schöne Klang
Des Amboss und der Hämmer
Wie Musik kommt mir das an
Der richtige Sound für Kenner

Gefesselt

Sehnsucht nach der weiten Welt
Nach Abenteuer und Genuss
Von jeder Schönen einen Kuss
Für alle Wünsche genug Geld
Schöne Landschaften da draußen
Pracht Vielfalt unbeschreiblich
Eben angekommen geht es weiter
Von einem Land zu andern sausen
Zu Museen Schlössern Burgen hetzen
Kein Naturschauspiel vergessen
Wenig Schlaf dafür viel Stress

Zum Sinn der Reise viele Fragen
Wie wars was hast du erlebt
Und alles richtig ausgekostet
Der weit Gereiste lange überlegt
Schöne Erlebnisse schon vergessen
oder oberflächlich nur genossen

Meiner Heimat eng verbunden
Unsichtbar die zarten Bande
Fesseln die ich gern erdulde
Wandre gern im kleinen Lande
Gehe beinah jeden Tag hinaus
Entspannt kehre ich nach Haus
Heimat haben ein süßes Los
Empfinde Glück in ihrem Schoß

Morgengruß

Zeitig aufstehen jeden Morgen
Blumen Tiere alle versorgen
Für Annika ist es Vergnügen
Frohen Herzens den Tag begrüßen

Vor Müsli und Gang zur Schule
Gehts hinaus in Wald und Flur
Breitet die Arme aus zum Gruß
An die Sonne und die ganze Natur

Spricht jede einzelne Blüte an
Soweit sie blicken kann
Streckt ihre Hand mit Futter aus
Ein Rotkehlchen frisst daraus

Annika im ganzen Dorf beliebt
Weil sie uns so vieles gibt
Sagt freundlich allen *Guten Tag*
Weil Menschen und Natur sie mag

Gute Aussicht

Auf meinem liebsten Berge stehen
Blick ins Tal auf meine Stadt
Die Höhe macht mich nicht bang
Hier oben frische Winde wehen
Auf meiner Haut die Sonne brennt
Auf schroffer Kante stehen vorn
Und trete keine Schritt zurück
Bin nicht aus Angst erregt
Nein - es ist pures Glück
Ich kann sehen wo ich wohne
Ein nettes Haus am Wald oben
Auf der Lichtung Kinder toben
Die Luft ist rein und klar
Die Berge erfreun mein Herz
Alle Gipfel wo ich schon war
Meine Sinne weisen himmelwärts

Liebe und Sehnsucht

Weg geschickt und nicht verstoßen

Ich bat dich von mir zu gehen
Nicht verstoßen nicht verachtet
Als liebe Freundin stets betrachtet
Warst du bei mir gern gesehen

Nur pure Lust wars nicht die Liebe
Die dich damals zu mir trieb
Du gingst mit Rachsucht und voll Wut
Was du tatest war nicht gut

Öffentlich hast du mich geschmäht
Am aller liebsten gleich zersägt
Wo der Pfeffer wächst da müsst ich hin
Und zur Hölle wo die Teufel sind

Die ich damals wirklich liebte
Die mir wunderbare Kinder schenkte
Und von diesen muntere Enkel
Sie ist mir bis heute treu geblieben

Deine Stimme

Wie der Vögel Frühgesang
Weckt mich deiner Stimme Klang
Wohlgefühl spendet jedes Wort
Scheucht die Müdigkeit gleich fort
Du willst den Tag beginnen ohne Weh
Trällerst ein Liedchen zum Kaffee

Sanft und weich ist deine Stimme
So betörst du meine Sinne
Jeder Satz ist eine Melodie
Jeder Kuss eine ganze Sinfonie
Kann mich deiner nicht erwehren
Und dich niemals mehr entbehren

Ich verlass mein Bett schlaf nicht ein
Stehe leise auf und stör dich nicht
Ich schreib dir heimlich ein Gedicht
Und schenk es dir wenn du erwachst
Es gefällt dir sehr verrät dein Mund
Freudig küss ich dich und du lachst

Bis der Tod sie scheidet

Täglich schwören junge Paare
Allzeit inniglich zu lieben
Nichts soll ihre Tage trüben
Auch wenn Gewitterwolken nahen

Flitterwochen gehen zu schnell vorbei
Der süße Honigmond nicht mehr scheint
Fürs Leben ist man gut beraten
Alles was zu tun ist wird getan

Aller guten Dinge das sind drei
Beider Wunsch eben so viel' Kinder
Nacheinander kommen sie herbei
Freuden und Sorgen sind nicht minder

Für der Familie Bequemlichkeit
Bauen sie nun ein schönes Haus
Zwei Jahre rackern tagein tagaus
Früh im Job am Bau bis zur Dunkelheit

Eine gute Arbeit auf Lebenszeit
Ist keine Selbstverständlichkeit
Dass beide Partner gut verdienen
Ist Resultat sehr großer Mühen

Beruflich sind sie auskömmlich gestellt
Es mangelt nicht an Lob und nicht an Geld
Flexibilität und Einsatz werden mehr
Steigender Arbeitsstress belastet sehr

Auch die Nachbarschaft wird gut bedacht
Ist Hilfe nötig wird gleich zugepackt
Gute Nachbarschaft ist ein großes Glück
Was man gibt kommt gewiss zurück

Hobby Ehrenämter und Vereinsarbeit
Machen Freude aber kosten Zeit und Kraft
Statt Zuneigung macht sich Spannung breit
Ein Kreislauf nicht mehr fern vom Hass

Im Ehrenamt unentbehrliche Lust
Schwindet mit dem ehelichen Frust
Es kommt dann wie es kommen muss
Es bleibt selten Zeit für einen Kuss

Die Kinder haben es lange schon erkannt
Die Eltern haben sich verrannt
Sie wollen all ihren Mut aufbringen
Den Eltern ein Versprechen ab zu ringen

Unsere sehnlichster Wunsch an euch beide
Lasst euch bitte bitte niemals scheiden
Sagen die drei wie aus einer Kehle
Ein Schock rührt der Eltern Seele

Ein uraltes Sprichwort sagt
Jegliches hat seine Zeit
Eine anderes altes Wort weiß
Alles braucht sein gerüttelt Maß

Soll die Familie gehen ganz neue Wege
Müssen zwei Maximen alles regeln
Offen und gütig miteinander reden
Viel gemeinsame Zeit bringt allen Segen

Kein Gebot kein Schwur kann beiden
Geben was Liebe allein vermag
Hand in Hand alle Wege gehen jeden Tag
Gütig zusammen leben bis der Tod sie scheidet

Der Sünderin Taufe

Es hatt ein Mann ein loses Weib
Das blieb nicht gerne zu Haus
Es suchte immer Zeitvertreib
Und ging gerne aus

Der Hafer im lauen Sommerwind
Rauschte auf dem nahen Feld
Und weckte ihre Lust geschwind
Auf Liebe und was sonst gefällt

So ging die Frau froh gestimmt
Zum Wirtshaus wollt sie hin
Da wo man viele Leute trifft
Von frivolem Sinn

So traf sie jenen Mann
Den sie lange kannte
Der sie liebte dann und wann
Und ihre Sehnsucht bannte

Die beiden warn sich zugetan
Hätten gern im Bette zugebracht
Wandten sich vom Wirtshaus ab
Und entschwanden in der Nacht

Derweil zu Haus der Ehemann
Der stapelweise Zeitungen las
Bier trank Käse und Schinken aß
Was ging die Welt ihn an

Doch nach Stunden geduldigen Wartens
Unterm Fenster ein Kichern und Stöhnen
Er goss Wasser hinab in den Garten
Abzukühlen die drunten der Wollust frönten

Wenig später zaghaftes Klopfen
Er schaut wer da draußen sei
Stand wimmernd und tropfend
Und pitschenass sein eigenes Weib

Reife Leute - reife Liebe

Junge Leute hört man über Liebe sagen
Dass die sich bei Alten nicht geziemt
Was die einst im Frühling ihre Tage
Trieben sei allein der Jugend Elexier

Oh was seid ihr doch für Toren
Tut als besäßet ihr der Weisen Stein
Macht Augen auf und öffnet eure Ohren
Hört wie mit dem Altern Liebe reift

Mit einem Paar wollen wir reisen
Von den tausend heißen Küssen
In trauter Dunkelheit der Gasse
Bis zur Innigkeit der Greise

Sie waren achtzehn als es begann
Aber kannten sich schon sehr lang
Allabendlich küssend im Dorf flanieren
Und gleich noch mehr probieren

Bald schon war das Paar verlobt
Wenig später war die Hochzeit dran
Eros hatt' sich zünftig ausgetobt
Ein Kugelbäuchlein kündigt' Nachwuchs an

Nachdem ein weiteres Kind geboren
Stellte sich peu à peu Langeweile ein
Auch Eros lebenslanges Lernen fordert
Beide dachten nach - und sahens ein

Jahr für Jahr wuchs ihre Liebe
Auch ihr Verlangen und Begehren
Nach schönem Geist und Körper
Wie es Platon einst beschrieb

Ergraut ist Liebe alltägliches Bedürfnis
Strahlt weit über dieses Paar hinaus
Eros gibt dem Alter neue Würde
Nächste Generationen lernen draus

Elternliebe

Eine junge Frau überwältigt vom Glück
Soeben hat sie ihr erstes Kind geboren
Die Liebe ist unendlich die sie empfindet
Das Kind im Arm gerührt denkt sie zurück

Erst jetzt beim Betrachten ihres Kindes
Kann sie ermessen die Liebe die sie empfing
Die Fürsorge ihrer Eltern und alle Gaben
Als Selbstverständlichkeit all die Jahre

Eine Nachricht schickt sie auf die Reise
An ihre Eltern die Geburt zu verkünden
Und Dank zu sagen auf herzlichste Weise
Für die Liebe die Generationen verbindet

Verloren und gefunden

Mit meinem Mädchen im Mai zum Tanze gehen
Leider hatt ich sie sehr lange nicht gesehen
Wir tanzten verliebt sehr viele Runden
Doch gegen Mitternacht war sie verschwunden

Traurig musst ich nun heimwärts gehen
Wollt die Schöne schnellstens wieder sehen
Überrascht fand ich sie in meinem Bett
Diese Nacht war wie keine Nacht so nett

Ein ganzes Leben blieben wir vereint
Haben immer Freud und Leid geteilt
Begehrten uns all die Jahre sehr
Verloren haben wir uns nimmer mehr

Lebenswünsche

Was wünschst du dir ist oft die Frage
Zum Wiegenfest und vielen anderen Tagen
Meine Wünsche stehen nicht nach Sachen
Sondern nach Menschlichkeit und Lachen

Beispiele will ich euch gerne geben
Familie und Kinder
    Die besten die es gibt die hab ich schon
Gesundheit
    Ich esse gut und treibe Sport
    Gesundheit ist dafür mein Lohn
Gute Freunde
    Wer will sich einreihen in Freundeskreise
    Muss sich selbst als guter Freund erweisen
Geschichten und Anekdoten
    Menschen sind ihre Quelle zu allen Zeiten
    Meine Berufung ist sie aufzuschreiben
Lebendige Natur
    Tiere groß und klein Salamander Vögel
    Frösche Insekten Eidechsen Bäume
    Sträucher Blumen und die Kräuter
    Unablässig stimmen sie mich heiter
Bücher Musik Theater Musik und Tanz
    An der Welt reichlichen schönen Gaben
    Zeitlebens durft ich mich daran laben
Weisheit
    Wenn einst mein Leben zu Ende geht
    Werdet ihr wissen wie es darum steht

Seltsam muss es euch erscheinen
Gering zu schätzen Reichtum und Gut
Am höchsten stehn mir Bescheidenheit
Achtung Mitgefühl und Liebesglut

Frühling in Thüringen

Mädchen an der Saale Unstrut und im Werratal
Singend schreiten sie durch die Natur
Junge Burschen gesellen sich hinzu
Von Birkenzweigen tropft der frische Saft
An den Bäumen treiben neue dicke Knospen
Prall und rosig wie an der Mädchen Brüste

Hoch auf den Bergen trifft man sich jetzt
In Bauden ist der auch letzte Platz besetzt
Zum Frühstück hat sich manches Paar gefunden
Bei Bier Leberwurst und sauren Gurken
Eng auf eng sitzen er und sie gekuschelt
Was noch geschieht wird ins Ohr getuschelt

Beim GutsMuths-Rennsteiglauf wird sie gekürt
Die stärkste schnellste Jugend aus dem Land
Mancher der Favoriten läuft auf dem Liebespfad
Ein gutes Ziel wohin der Massensport uns führt
Im nächsten Jahr kommen alle Sportler wieder
Gemeinsam laufen feiern und auch zum Lieben

Der Frühling ist da und nicht zu übersehen
Die Mädchen und Burschen treibt ein Sehnen
Sie treffen sich an den lauschigsten Orten
Der Bank im Rosengarten im stillen Buchenhain
Am Ufer des Flusses dem Gras am Wiesenrain
Liebe im Frühling in der Natur ist wunderbar

Schenk mir deine

Wenn ich dich lieb bitte
Mir zu schenken und zu geben
Geht es nicht um Geld noch Gut
Nur um deines Herzens Blut

Guten Rat könnt ich brauchen
Und deine Hilfe jeden Tag
Aufmerksamkeit und dein Ohr
Und Zeit sollst du mir schenken

Deine Freundlichkeit entbehren
Mag ich nicht wie die Fröhlichkeit
Dein Lachen und deinen Humor
Will ich genießen jederzeit

Leid und Freude teile mit mir
Wie es sich für uns geziemt
Deine Zuneigung schenke mir
Wenn es geht auch deine Liebe

Und ich wag es kaum zu sagen
Was ich noch so gerne hätt'
Trotzdem werde ich es wagen
Schnarche nicht nachts im Bett

Süße

Du sagst du tätst mich lieben
Und nie nach anderen schauen
Du willst dass ich dich küsse
Und soll auf deine Treue bauen

Du gibst dich besonders klug
Besonders fleißig seist du auch
Edel und teuer sei dein Schmuck
Vom eignen Gelde selbst gekauft

Ich schau fest in deine Augen
Die strahlen mir viel zu süß
Nein dir kann ich nicht trauen
Erscheinst mir als rechtes Biest

Ich sah dich oft flanieren
Mit Herren der dritten Wahl
Und will dich nicht brüskieren
Bei anderen versuch's noch mal

Du

Du bist mein Augenstern und große Liebe
    Meine gute Seele und all mein Gefühl
    Bist so stark wie ein Baum
    Meine Labung und mein Traum
Du schenkst mir zuckersüße Liebesgrüße
    Und mehr als hunderttausend Küsse
    Wenn es Not tut Hoffnung und Licht
    Und dazu Kraft und Zuversicht
Du zeigst mir Wege über Klippen steile Felsen
    Durch gefährliche Strudel und Schnellen
    Zur Weisheit und zu Geistes Licht
    - Zu höchster Wonne und zur Lust
Du gibst alles was ich begehr
    Dein ganzes Leben und viel mehr

Verzeih mir

Sehnsucht Zweifel in den Augen Fragen
Ich fürchte du kannst mich kaum ertragen
Viel zu oft ließ ich dich allein
Beruf Sport Hobby allerlei Engagement
Auch eine Portion Egoismus war dabei

Der Frauen Schönheit hat mich erfreut
Das hab ich lange schon bereut
Ging nie einen Schritt zu weit
Hat unsere Liebe noch eine Chance
Oder ist verlieren wir uns ganz

Schon länger geb ich mir Mühe
Bin einfach gut zu dir
Neu erwacht ist die Liebe
Drum bitt ich dich verzeihe mir
Das hast du schon bemerkt
Mich in Güte angenommen
Wir haben uns neu gewonnen

Stiller Mond

Lieber Mond kann ich dir sagen
Was mit der Liebsten heut geschehen
Hundert heiße Küsse wollt ich wagen
Und niemand sollt es sehen

Für deine Verschwiegenheit bekannt
Wirst du auch Stiller Mond genannt
Wenn zwei sich umarmen lächelst du
Und kneifst vergnügt ein Auge zu

In kühler Nacht Liebe heiß entbrennt
Der Liebenden Zeit zu schnell entrinnt
Schamhaft schiebst du ein Wölkchen vor
Deckst rücksichtsvoll das Geheimnis zu

Viele Paare hast du schon gesehen
Im fahlen Licht Liebe sich gestehend
Sobald die Nacht zur Neige geht
Das Gesehene vom Wind verweht

und ich mag sie

Keine heilige
Emanzipiert
Niemals ziert
Resolut und zart
Kinder essen artig auf
Ist zart und fordend
Chefin und hat es drauf
Kinder schauen auf
Sie weiß und spricht
Und irrt sich nicht
Salär sehr mager
Schüttelt den Kopf
(Das ist meiner)
Und liebt mich doch

Frühnebel

Früh erwachen Glieder recken
Lautes Knacken in Gelenken
Dichter Nebel vor dem Fenster
Schwaden tanzen wie Gespenster

Der Gang durch nasses Gras
Barfuß macht es doppelt Spaß
Die Geister neu belebend
Gerade so wie Wassertreten

Antlitz im Schlaf besonders schön
Ein Lächeln auf roten Lippen
Mit Küssen aus dem Schlafe holen
Und mit Kaffee heiß beglücken

He Pascha sperr die Ohren auf

Was glaubst du wer du bist
Die wunderbarste Frau hast du
Liebenswürdig und sehr klug
Du behandelst sie wie Mist

Den Himmel voller Geigen
Wolltest sie auf Händen tragen
Ich sehe sie nur leiden
Zum Weinen alle Lebenstage

Die Welt ist eine andere heut
Bemerkt hast du es nicht
Gleiche Rechte hat jede Frau
Sie zu achten deine Pflicht

Mäkeln am Essen Haushalt allem
Selbst an deiner Frau Figur
Ist Selbstsucht und Verachtung
Von Liebe keine Spur

Fitness Angeln Hobbys ohne Ende
Gibst Geld aus mit vollen Händen
Was Familie dringend haben müsste
Für dich leider überflüssig

Bist leider in dich selbst verliebt
Vernarrt in dein Spiegelbild
Selbstherrlich egoistisch
Wie einst der Jüngling Paris

Sieh wie Frauen sich erheben
Emsig nach mehr Bildung streben
Selbstbewusst Verantwortung tragen
Und greifen auch nach Chefetagen

Frauen gestalten modernes Leben
Erziehung geht nach neuen Regeln
Einen Spießer nennt man dich
Kennst Einsicht leider nicht

So warst du stets ein Irrtum
Zur Besserung nie bereit
Änderung tut allen gut
Sieh es endlich ein

Mein Schatz ist weg

Bett neben mir ist leer
Beängstigende Stille
Einsamkeit in der Wohnung
Nachbar klopft - Radio zu laut
Krimis und Schallplatten verschwunden
Der Cognac restlos ausgetrunken
Mäuse im Kühlschrank verhungern
(Wie immer wenn ich solo bin)
Mülleimer seit Tagen übervoll

Wer wäscht nun meine Wäsche
Wie kocht man eigentlich Spiegeleier
Wo zum Teufel sind meine Pantoffeln
Weiber können mir gestohlen bleiben
Keine mehr darf in meine Wohnung
Besonders die gegangene - vielleicht

Mädchen am Fluss

Kleiner Fluss am Dorf, lauer Wind
Gemächlich fließt das Wasser
Weiter abwärts gluckst ein Strudel
Wildentenfamilie Biber im Wasser
Vögel in Pappeln und Erlen

Idealer Platz zum Träumen
Mädchen sitzt im Gras
Kommt fast jeden Tag
In kleines Büchlein schreibt sie
Tagebuch oder Gedichte? sicherlich
Notizen verraten geheime Liebe
Der Geliebte hält sich scheu zurück
Weiß nichts von seinem Glück
Signale, die geheimen nicht bemerkt?
Darf sie Geliebten sich erklären? JA und tuts
Nimmt sie eilends in den Arm
In Adern kocht das Blut

Am Fluss spielende Kinder
Geschwister
Finden eben diesen Platz sehr schön
Ahnen nichts wissen nichts
Von ihrer Mutter Liebestraum

Würziger Duft nach Heu

Wunderbare Sommerzeit
Gras Wiesenblumen stehen gut
Saftig wie die jungen Leute
Die Wiese zur Mahd bereit

Jugend findet sich schnell ein
Hinterm Traktor Schwad zu wenden
Vom Himmel heiß die Sonne scheint
Die Trocknung ist bald vollendet

Verstohlen schaun sich Mädchen um
Wer der prächtigste Junge sei
Augenzwinkern lachender Mund
Ist keiner einerlei

Dunkle Wolken ziehen am Himmel auf
Man hört schon Gewitter grollen
Wagen hochbeladen muss zur Scheune
Damit die voll wird bis zum Dach

Mit Gabel Heu nach oben geben
Dort wird es sorgsam eingebaut
Flotte Sprüche Kichern laut
Und Gerangel und Schubsen

Bei Dunkelheit dann ganz leise
Wenn der Mond am Himmel wandelt
Ziehen Gestalten zu der Scheune
Statt Tageshitze Liebe heiße

Vom Heu der würzige Duft
Erregt die jugendlichen Sinne
Genau wie zu alter Zeit
Die ritterliche Minne

Keinen störts - aus allen Ecken
Vom Lieben und vom Necken
Stöhnen Geflüster und Betören
Vom Dorfklatsch ist mehr zu hören

Mondfee

In lauer Sommernacht im Grase sitzen
Mondlicht spiegelt sich im See
Sanft bewegt sich Schilf im Wind
Blau sind Himmel und die Wellen
Erscheinung wie im Märchen aber wahr
Kleid aus blauer Seide
Wie ein Nebelschleier leicht
Alabaster ihre Haut
Smaragde die Augen
Lippen dunkelrot
Das Haar wie lodernd Feuer
Ein Mädchen setzt sich zu mir nieder
Einer Mondfee gleich
Ich schau ihr ins Gesicht
Irdisch scheint sie nicht
Ihr Kleid das so federleicht
Hebt ein Lufthauch von ihr ab
Heiß macht die Berührung ihrer Hand
Heiß an Wangen Busen Venusblüte
Umarmung versenkt in langen süßen Traum
Träumend durch ein Riff zu tauchen
Sanftes Fächern der Korallen
Äonen vielfarbiger Fische schwärmen
Nixen mit Seepferdchen spielend
Bedächtig pulsierende Medusen

Die Schöne kniet mir gegenüber
Morgenröte scheint ihr ins Gesicht
Tränen hat sie in den Augen
Beide Hände reicht sie mir
Danke für die wundervolle Nacht
Ich sah sie niemals wieder

Ein Blick nur

Schnellbahn früh am Morgen
Stroboskopie erschwert das Sehen
Vollgestopft wie Heringsfass
Wenig Luft zum Atmen
Ein Antlitz unvermittelt
Ganz kurz trifft ein Blick
Taucht unter hundert Häuptern auf
Zuletzt gesehen vor vielen Jahren
Verlässt die Bahn geschwind ist weg
Auf dem Vorplatz nicht zu sehen
Gefunden auf einer versteckten Bank
Sie schluchzt Tränen fließen
Lang hab ich dich gesucht - vergeblich

Manchmal reicht das Glück zu finden
Einfach nur ein kurzer Blick

Schamhaft

Beim Sommerfest und Abend wars
Du standest alleine - unentschlossen
Vielleicht verlassen
Traurig ohne Absicht und ohne Ziel
Ich fasste Mut und sprach dich an
In deinen Augen hundert Fragen
Wir tanzten einen ganzen Abend lang
Dann bracht ich dich nach Haus
Nein - auf halbem Wege bliebst du stehen
Und sahst mich wieder fragend an
Ohne Bitten ohne Drang
Nahmen wir den Weg zu mir
Schamhaft löschtest du das Licht
Ich liebte dich mehr weiß ich nicht
Und hab dich nimmermehr gesehen

Entfesselung

Unfreiwillig zur Frau gemacht
In einer warmen Sommernacht
Als ein Tänzer stürmisch
auf dem Heimweg sie verführt

Ratlos sann sie dann im Bett
Dieser Akt war gar nicht nett
Und seufzend dachte sie
besser jetzt passiert als nie

Entfesselt viele ausprobiert
Nahm sie sich ganz ungeniert
Bis sie dann den einen fand
Ging mit ihm zum Standesamt

Eben frisch getraut
Gehen Bräutigam und Braut
Zu der neuen Wohnung hin
Wo man *ihr* den Schlüssel gibt

Na - passt dieser Schlüssel
Will jemand wissen
(Spötter aus dem Hintergrund)
Schelmisch sagt sie schlicht
Ja dieser Mann ist recht

Fasching wars

Das Mädchen, das ich kannte
Welches eine Freundin rammte
Fiel mir in die Arme
Wohltuend ihre Wärme

Die Verbindung hielt nicht lang
Ihre Sehnsucht ganz verpufft
Und tat als wär ich Luft
Mir war jedoch nicht bang

Die Wochen haben keine Eile
Die Tage sind so Rot Rot Rot
Voll Sehnsucht und Langeweile
Und mir Verzweiflung droht

Dann endlich das Faschingsfest
Flammenglühend ihre Augen
Tanzen den ganzen langen Abend
Bis beendet ist die Feier

Wir halten uns fest bei Händen
Wie Bengalfeuer brennt die Liebe
Fünf Schritte dann heiße Küsse
Und weiter immer immer wieder

Wir wissen nicht wohin wir gehen
Durch Gärten Haine und Wiesen
Finden uns in aller Frühe
In ihrem Kuschelbette wieder

Verleumdet und kalt gestellt

Von einem Mädchen hörte man
Das recht sittsam war
Freundlich und manierlich
Ihr Leumund tadellos ganz klar
Eines Tages sprach der Klatsch
Dass sie ein schlimmer Feger sei
Liebschaften mit viel Verschleiß
Von Alkohol Drogen war zu hören
Auch Diebstahl sei dabei
Viele wollten nicht mehr reden
Mit der die so geworden sei
Beim Tanz stand sie allein
Ihr Kummer wurde grenzenlos
Und sehnte sich nach Hilfe
Ein Gruppe junger Leute
Nahm sich ihrer Sorgen an
Verfolgte jede kleine Spur
Und fand bald den jungen Mann
Dem sie einen Korb gegeben
Beim Tanzen unterm Maienbaum
Und konnt sich nicht benehmen
Sie brachten die Sache ohne Verzug
Vors Schiedsgericht zur Klage
Er musste Strafe zahlen
Des Mädchens Ehre hergestellt
Gute Freunde haben es bewirkt
Womit sich wieder mal beweist
Was wahre Freundschaft heißt

Liebe macht Narren

Verlieben ist Trunkenheit
Quell unberechenbarer Possen
Das wussten in alter Zeit
Die Römer Griechen Russen
Zur Torheit wie die Liebe
Sind Menschen stets bereit

Fräulein mit stolzem Gang
Augen funkeln wie Diamant
Die flaniert am Boulevard
Zieht tausend Blicke an
Heiß begehrender Narren

Oder ein schöner starker Mann
Der zieht die Damen magisch an
Die Jungfrau mit dem Eierkorb
Sich vor Entzücken total vergisst
Und die Eier fallen lässt

Nein ich fand es niemals schlimm
Dass ich der Liebe verfallen bin
Mich reut es nicht geliebt zu haben
Zu lieben und ein Narr zu sein
Bis zum allerletzten meiner Tage

Zärtlich

Zärtlich wie die Wöchnerin
Im Arme hält ihr kleines Kind
So wünsch ich allen Kindern
Dass sorgsam sie behütet sind

Zärtlich wie elterliche Hände
Kinder in den Schlaf geleiten
Ein Gefühl das am guten Ende
Der ganzen Familie Glück bedeutet

Zärtlich Liebende sich liebkosen
Die glückselig beieinander sind
Und sich immer wieder schwören
Dass ihr Glück nie ein Ende finde

Zärtlich halten sich bei Händen
Alte die schon krumm und steif
Sich lieben und gegenseitig helfen
Bis der Tod sie auseinander reißt

Zärtlich sein im ganzen Leben
Diese Aussicht heißt mich beben
Wem ein solches Glück beschieden
Hat verstanden lieben lieben lieben

Wagnis

Freundlich schon der erste Blick
Ich grüße und du grüßt zurück
Zärtlich schon beim nächsten mal
Grüße ich - du nimmst's nicht wahr

Kann ich es wagen nachzufragen
Ob dich vielleicht etwas bedrückt
Ich werde wohl den Anfang machen
So wie man glaubt dem Mann gebührt

Ich nehm zusammen den ganzen Mut
Du findest das nicht zu vermessen
Lad dich gleich ein zu einem Essen
In deinen Augen funkelt Liebesglut

Da sitzen wir wie kleine Kinder
Leicht erhitzt und roten Ohren
Hände die suchen und sich finden
Eine neue Liebe ist heut geboren

Die Gasse wo du wohntest

Die Gasse ist mir immer noch vertraut
Auch wenn vieles sich verändert hat
Aus Backstein fein gefügt dein Elternhaus
Dein Kammerfenster und viele Küsse zart

Den Hof verschloss ein riesig Brettertor
Dein kleiner Bruder lugte oft hervor
der mich gekannt und erzählte vielerlei
Dass ich der Schatz seiner Schwester sei

Ich ging auch später durch die Gasse
Auch als dich längst ein anderer hatte
Der Trennungsschmerz war überwunden
Und ich einer Schönheit neu verbunden

Ich grüße freundlich dich samt Holden
Seh euch glücklich strahlen wie noch nie
Eure Kinder die durch die Gasse tollen
Und sag mir unumwunden *se la vis*

Neumond

Ihren Liebsten zu empfangen
Bei Neumond und dunkler Nacht
Hat die schöne kluge Anna
Etwas besonderes ausgedacht

Tags zuvor hat sie die Leiter
Unter ihrer Kammer aufgestellt
Damit der Liebste froh und heiter
Amors Liebesfeld bestellt

Erwartungsfroh am Fenster steht
die schöne Anna schon und achtet
Dass der Liebste keinen Fehler mache
Sie sich fänden bald im warmen Bett

Ihrem Vater war es nicht entgangen
Was die lose Tochter im Sinne hatt
Legt sich im Dunkeln auf die Lauer
Und den Ungebetenen zu empfangen

Doch noch schlauer war der Liebste
Und durch die offne Tür geschlüpft
Der Vater erwartet nun vergeblich
Den der bekommen sollt die Prügel

Was Anna und der Liebste dann getan
Muss ich nicht der Welt verkünden
Denn das geht uns gar nichts an
Freue sich jeder seiner eigener Sünden

Zum guten Ende ist nicht viel zu sagen
Als dass am andern Morgen beide wagen
Und die Eltern bitten nicht zu grollen
Weil die Verliebten bald heiraten wollen

Trotz Leiter Heimlichkeit und warmem Bett
Finden Eltern den jungen Mann ganz nett

Liebesverlangen

Unsicher dein Blick
Du willst mir etwas sagen
Ziehst scheu die Hand zurück
Als wolltest du's nicht wagen
Und trotzdem bleibst du nah
Mit Schulter und langem Haar
Wir schweigen eine Weile still
Dein Atem unruhig bis wild
Ich sag zu dir *Wir wollen nicht*
Und du ganz fest
Nein - wir müssen

Suchende Augen

Suchende Augen
Ohren lauschen
Hände tasten
Geschmack verführt
Duft betört

Für meine Sinne sag ich Dank
Sie machen das Leben lebenswert
Erschließen mir was ich begehr
Ohne sie wär ich sehr krank

Stummes Sprechen deiner Lippen
Augen schamvoll niederschlagen
Seh ich erröten deine Wangen
Und spüre sehnsuchtsvolle Blicke

Manchmal kommst du mir sehr nah
Du willst nicht es ist ein Drang
Ist die Liebe der siebente Sinn?
Merke dass ich dein Schicksal bin

Ich nehm dich einfach in den Arm
Keine Abwehr du lässt es geschehn
Dein Kuss ist heiß die Hände warm
Hand in Hand sieht man uns gehen

Unteilbar

Es gibt so vieles was man teilt
  Freude und auch Leid
  Jede Neuigkeit
  Zum Reden Zeit
  Wissen und Erfahrung
  Ein Buch für Geistes Nahrung
  Das tägliche Brot
Und noch viel mehr

Was ich aber niemals niemals teile
Meinen Platz an deiner Seite
Deine Liebe sei nur für mich bestimmt
Ich achte dass sie mir keiner nimmt

Rendezvous in der Mansarde

Wunderbare Liebesnacht
Liege neben dir und sinne nach
An die Scheiben trommelt Regen
Er wird sich hoffentlich bald legen
Autos auf der Allee und Pfützen
Die Wasserlachen heftig spritzen
Augenhöhe mit Blätterdach
Von Ulmen und Platanen
Fühle mich nicht wie daheim
Im Dorf - wo jetzt Hähne krähen
Begrüße die Sonne
(die geht eben auf)
Und sag ihr *Guten Morgen*
- Und dir ade

Am Holderstrauch

Am Holderstrauch hinterm Garten
Sind erste Blüten weiß zu sehen
Ein junger Bursche kommt zu warten
Auf seine Liebste jung und schön

Sie können nur heimlich kommen
Kein Mensch soll sie sehen
Denn reiche stolze Eltern wollen
Nicht dass sie miteinander gehen

Wundervoll sind beide anzusehen
Die singen lieben auf der Bank
So geht das nun zwei Monde lang
Bis Eltern hören was geschehen

Des Burschen Vater sehr erzürnt
Und vorbestimmte böse Braut
Wird dem Unglücklichen angetraut
Tiefe Trauer der Liebenden Los

Die Schöne kommt tagaus tagein
Weinend zu dem Stelldichein
Singt ihre Lieblingslieder
Und wartet - *er* kommt nie wieder

Intermezzo

Marina ist heute sehr verwirrt
Das fing schon früh am Morgen an
In ihrem Herz und Magen schwirrt
Sehnsucht nach einem jungen Mann

Dem sie neulich spontan begegnet
Blicke hatten sich total verfangen
Doch leider fing es an zu regnen
Schnell ist sie nach Haus gegangen

Sie kannten sich schon lange Zeit
Als sie beide waren viel zu jung
Schien Liebe fast wie Zeitvertreib
Liebe wuchs Liebe aus Erinnerung

Trifft einen Mann der ihr weh getan
Ihr Herz rast grob fasst er sie an
Hält sie fest und will sie küssen
Sie reißt sich los nimmt Reißaus
und läuft geschwind nach Haus

Denkt nach nimmt den Hörer auf
Weiß was sie will jetzt ganz genau
Wählt die Jugendliebe und spricht
Wenn ich liebe dann nur dich

Hab dich erkannt

Hab dich erkannt
Tief in deinen Augen
Wie und wer du bist
Strahlend wie Diamant
Und kaum zu glauben
Dass engelsgleich dein Blick

Vorher nie gesehen
Doch wohnen wir sehr nah -
Nah und doch zu weit
Würde gern mit dir leben
Wär immer für dich da
Glück gibts nur zu zweit

Liebeswahn

Bist du des Wahnsinns fette Beute
Dieses rassige Weib zu lieben
Sie wird dir abziehen alle Häute
Und Schlimmes an dir verüben
Dein Geld wird sie verprassen
Und kein Hemd am Leibe lassen
Wer dies spricht mag Recht behalten
Zu der Gefahr ich mich bekenne
Äußerste Vorsicht lass ich walten
Bevor im Höllenfeuer ich verbrenne
Dir o Liebste will ich sagen
Lass uns das Spiel gemeinsam wagen
Ich liebe die Hitze und Gelüste
In Augen und anderen Regionen
Gebettet zwischen deinen Brüsten
Fühl ich mich bestens aufgehoben

Du bist da

Albtraumzeit
Nach Mitternacht
Mir träumt du seist gegangen
Schweißgebadet liegen
Und verzweifelt
Wärst du doch geblieben
Hunderttausend Gedanken
Furchtbar diese Qual
Und dann endlich blendet
Mich der erste Sonnenstrahl
Ich taste - finde
Streich dir zärtlich übers Haar
Denke beinah kindlich
- *Du bist da*

Schwüle Sommernacht

Zur Sommernacht im See baden
Völlig bloß
So will es ein Mädchen haben
Die ist heiß im Schoß
Mich dem Ufer nahend
Strahlend weiß ihr Körper scheint
An eine Nixe mich erinnert
Fröhlich rückenschwimmend
Präsentiert sie Offenheit
Sie lädt mich ein
Es gleichzutun
Steige nackt zu ihr hinein
Schwimme direkt auf sie zu
Schwimmen mutig weit hinaus
Und zurück macht uns nichts aus
Wellen im Mondlicht glitzern
Wir necken tauchen spritzen
Ohne Scheu greift sie mich an
Fühlt sicher *das ist ein Mann*
Wir wollen im Grase ruhen
Im Duft bunter Sommerblumen
Doch die Ruhe währt nicht lang
So fängt Ungestümes Lieben an
Dankbar für jeden Kuss
Zwei paar bebende Lippen
Zum ersehnten Ziel hin
Wandern suchen finden
Was kein Dichter nennen will

Ampeln des Eros

An deinem und an meinem Leib
Grasen ab uns mit den Lippen
Im Antlitz köstliches Entzücken
Wälder Berge Täler Weiden
Regionen die uns Spaß bereiten
Nirgendwo ein Stopp
Im vergnüglichen Tun
Keine Ampel steht auf Rot
Kein Bedürfnis auszuruhn
Wo immer eine Ampel steht
Ist ein leuchtend Grün zu sehen
In deinen Augen gute Zeichen
Lust und Wildheit ohnegleichen
Dann Erfüllung Seligkeit
Und zum Schluss ganz matt
Sagen Augen lieben Dank

Welke Blüte

Freud und Leid
Begleiten unser Leben
Dem Lauf der Zeit
Niemand kann entgehen

Haare rötlich blond
Lieblichkeit in Person
Deine Augen wie Smaragde
Offen ehrlich dein Charakter
Sommersprossen die ich liebe
Griffig die Figur
Du - schönste Blüte
Bunten Mädchengartens
Meine Liebe zu dir
Lag in der Natur
Junge Leute selten denken
Kommender Zeiten da wir welken
Möchte jung nicht bleiben
Wenn dein Haar ergraut
Und Falten dir die Jahre
In dein Antlitz schreiben
Großes Wunder darf ich sehen
Dass welke Blüten besonders schön

Freud und Leid
Begleiten unser Leben
Unerbittlicher Lauf der Zeit
Niemand kann entgehen

Liebesschuld

Luigi's Stimme schön und klar
Venezia seine Heimatstadt
Von der Gondel verkauft er Eis
Singend bietet er Ware feil
Signorina Lisetta liebt ihn heiß
Am ersten Tag ist sie noch scheu
Am zweiten nichts mehr neu
Am dritten Sehnsucht im Gesicht
Jeden Tag fordernder ihr Blick
Begehren steigt zum Siedepunkt
Aus Lisettas Lust wird Übermut
Lisetta fordernd schaut und wütig
Du bist mir die Liebe schuldig
Luigi lässt Eis und Gondel sein
Geht mit Lisetta ins Bett hinein
Sonne unbarmherzig heiß
In der Gondel schmilzt das Eis
(Lagune wird hiervon weiß)
Luigi mit Lisetta ausprobiert
Was *Ovid* uns einst skizziert
Jeder seiner Liebesträume
Schenkt dem Paare pure Freude
Eis verkauft Luigi nicht mehr
Liebt Lisetta viel zu sehr

Traum vom Küssen

Ich will dir heut berichten
von einem starken Traum
    Denn hunderttausend Küsse
    Gab ich dir am Lindenbaum
    In deinen Augen war ein Sehnen
    Wie ich es nie gekannt
    Und ein paar dicke Tränen
    Es hat mich einfach übermannt
    Beide Augen ich gleich küsste
    Die Wangen und den Mund
    Den Nacken und die Brüste
    Viel Dank gabst du mir kund
    Wandte mich nun zu den Füßen
    Küsste Zehen Fersen Waden
    Vielleicht war dir das gruselig
    Drum reckt ich mich zum Bauch
    Fand ein Grübchen ein kleines
    Gab ihm einen herzhaften Schmatz
    Und ringsherum war noch viel Platz
    Setzte Kuss für Kuss viele Kreise
    Zwei Schenkel von hier nicht weit
    Empfand ich als glühend heiß
    Und küsste sie vom Knie bis oben
    Der rechte Ort sich auszutoben
    Nun lockte mich die Venusblüte
    Küsste gierig jedes Blütenblatt
    Und dein Mund mit süßem Triebe
    meinen Schoß gefunden hat

Halt ein mein Freund
Genug der Beichte
Hab darauf mich lang gefreut
Lass uns zur Tat nun schreiten

Weiblich verwegen

Angebaggert und verführt
Den jungen Mann hats nicht berührt
Wie sie zu ihm gekommen
Er hat sie gleich genommen
Den nächsten trifft sie an der Bar
Und ist ihm gleich sehr nah
Hat Kondome in ihrer Tasche
Bereit den Jüngling zu vernaschen
Das macht sie jeden Abend so
Über jeden Fang sehr froh
Der Liebe größte Jägerin
Ihres Lebens einzger Sinn
Da sie Nymphomanin ist
Kann sie nicht verzichten
Gleich welcher Tag heute ist
Ihr erotisches Werk verrichten

Du verbirgst etwas

Du weichst mir aus seit Tagen
Hast etwas in deinem Blick
Wollte dich schon fragen
Was dich vielleicht bedrückt

Habe ich dir weh getan
Mit unbedachtem Wort verletzt
Bist du etwa krank
Oder geht es dir schlecht

Nein Liebster Du irrst in allem
Bin nicht verstimmt nicht krank
Ich werde Mama und du Papa
Weiß es wird dir sehr gefallen

Verflucht und ersehnt

Sie stört mein Gleichgewicht
und raubt mir nachts den Schlaf
Den Grund leider kenn ich nicht
Sinne dauernd darüber nach

Seit vielen Jahren solo
Das macht mir nichts aus
Spiele Golf und Polo
Geh dann allein nach Haus

Hin und wieder eine Liebschaft
Weil die immer Freude macht
Und ist die Liebe dann verflogen
Wird ohne Abschied davon gezogen

Nun treff ich heute eine Frau
An der Ecke im Gemüseladen
Der ich in die Augen schau
ein Gefühl wie im Eis gebadet

Mir ist erst kalt dann heiß
Wechsel zwischen rot und weiß
Dann wird mir endlich klar
Die ersehnte Frau ist nun da

Übertreibt es nicht

Jugend braucht Freude
Lebenslust und Fröhlichkeit
So sind sie die jungen Leute
Vergnügen absolute Priorität

Fast täglich ein Event
In Kino Disco oder Bar
Sie sehens nicht so eng
Guten Ruf und die Moral

Partner tauschen wie das Hemd
Nie länger als zehn Tage
Zwischendurch OneNightStand
Treue eine Plage

Eltern ihre Kinder mahnen
Bevor die ins Städtchen fahren
Seid nicht dumm
Doch übertreibt es nicht
Schaut euch gut um
Mit der Liebe scherzt man nicht

Kaum 40 Wochen vergangen waren
Schob Tochter den Kinderwagen

Unecht

Das Gesicht wie einer Puppe
Aus feinstem Porzellan gemacht
Tat als wäre ich ihr schnuppe
Innerlich habe ich gelacht

Ihre Haut ganz wie von Samt
Übermäßig make up und Puder
Schmuck an Dekolleté und Hand
Stimme sprach sie ist ein Luder

In meiner Nähe blieb sie stehen
Hoffend ich führte sie zum Tanz
Im Augenwinkel konnt ich sehen
Begehrender Blick mir zugewandt

Damenwahl sie fordert mich
Lehne ab ich mag jetzt nicht
Hab à Priori sie nicht gemocht
Ihre Aura furchtbar künstlich roch

Quickie - Box

Telefonzelle Quitte gelb
An der Tür ein rotes Herz
Zweckentfremdet auf dem Markt
Jalousie und Riffelglas
Und Verhüterli Automat

In Mangelzeiten frequentiert
Leute standen Schlange
Mit der Liebsten schwatzen
Und Verwandten
Münzen meistens knapp

Paare nahen sich verstohlen
Manche häufig andre selten
In Eros Sinn zu schwelgen
Münzschloss meist randvoll

Erinnern sich an die Zeit
Im Paternoster zu lieben
Ach wie war das geil
Wenn Gaffer Augen rieben

Paternoster ist abgebaut
Kabine nun hermetisch
Vorbei die schnelle Liebesschau
Quickie-Box die Alternative

Leidenschaft I

Glanz in Augen
Kopf und Hals hochrot
Herzlich ihr Lachen
Aufgeregt Atemnot

So steht sie vor mir
Überglücklich
Schauer durchfährt mich
Augenblicklich

Darfst sie nie verletzen
Sei treu ohne Unterlass
Enttäuschte Liebe gebiert
Oft grenzenlosen Hass

Warum darf ich nicht

Wie alle Mädchen am Brunnen stehen
über alle unsere Träume plaudern
Den Nachbarjungen schöne Augen machen
In chicem Kleide durch die Straßen gehen
Dezent geschminkt Haare wehen

Das Herz schlägt hoch zum Halse
Wild kreisen die Gedanken
Heimliche Liebe und mehr
Und tausend süße Küsse
Von dem Jüngling ich begehr

Ihr besten aller Eltern
Keine Mahnung kann mich halten
Ich will nicht länger zaudern
Lasst ab mich zu schelten
Sonst mach ich euch Schande

Erste Liebe

Der Augenblick lang ersehnt
Scheuer Blick
Und kein zurück
In trauter Zweisamkeit
Einander angelehnt
Zärtlich soll es sein
Was kommt - in leiser Ahnung
Was wird - man fügt sich drein
Arme Beine eng verschlungen
Aus Zwei wird Eins
Nach kurzem Schmerz süße Seufzer
Blicke haben Scheu verloren
Umarmung immer immer wieder
Die in Liebe sich erkoren
Sinken ermüdet nieder
Zärtlich soll es immer sein

Sehnsucht

Ich bitte dich Sterne mir zu zeigen
Die Nacht mild und wolkenfrei
Freundlich lächelt uns der Mond
Finden uns Aug in Auge
Leidenschaft macht uns taumeln
Kratzspuren auf deinem Rücken
Erleiden Schmerzen mit Entzücken
Keine Reue bin jetzt Frau
Vor Sehnsucht muss ich leiden
Und dich schnellstens wieder sehen
Flieg mit Mörser oder Besen
Und kann mich nicht entscheiden

Drang und Lust

Einem kecken jungen Knaben
Wuchs ein Hörnchen unterm Nabel
Sein Mädchen schön und hold
War darüber sehr erfreut

Der Knabe nicht mehr keck
Die Haarpracht ist versteckt
Unter polierter Glatze
einer kriegt se andrer hat se

Nach dem aller ersten Kind
Weht ein völlig neuer Wind
Aus Drang und Lust
Wurden Missmut und Frust

Gestaltet eure Liebe neu
Mit Sektfrühstück im Heu
Nach daselbst verbrachter Nacht
Ist eure Liebe neu erwacht

Düstre Gedanken - Wallende Nebel

Bedrückung und Sorgen
Innerliche schwere Plage
Schlägt schon am Morgen
Erbarmungslos auf den Magen
Wallender dichter Nebel
Liegt auf meiner Seele
Heulender kalter Wind
Lässt mich erschauern
Weil ich keine Ruhe find
Entsetzlich jeder Traum
Prinzessin Rose Lotosblüte
Habe ich dich genannt
Geblendet von deiner Liebe
War ich wie gebannt
Hab dich förmlich angebetet
Hast mir einen Korb gegeben
Frag mich nun *warum*

Verlobt im Pflaumenbaum

Obstbäume in Reih und Glied
Alt sind sie krumm und schief
Pflaumen Äpfel und Kirschen
Birnen regellos dazwischen

In der Tasche kleiner Zettel
Sie will mich hier treffen
Sie die sehr romantisch ist
Und mich von Herzen liebt

Ich höre leise ihre Stimme
Hat sich irgendwo versteckt
Genau so ist moderne Minne
Wie sich junge Liebe neckt

Eine Leiter am Pflaumenbaum
Seine Krone braucht viel Raum
Schwer von Früchten alle Äste
Auf einer Gabel die Allerbeste

Reicht mir bittend süße Früchte
Schenkt im Wechsel heiße Küsse
Einladend halb bedeckter Busen
Verführt sogleich zum Schmusen

Möchte immer mit dir leben
Willst du werden meine Frau
Die Liebste erfasst ein Beben
Ja ich will dich - ganz genau

Offenbarung

Liebe Eltern hört uns an
Zwei Herzen die sich lieben
Und sich innig zugetan
Für immer sich verschrieben

Wir kennen uns schon lange
Viel Zeit sich zu studieren
Und haben keine Bange
Unsere Liebe soll florieren

Wir wollen füreinander sorgen
Alle Tage Jahr für Jahr
Und denken auch an morgen
Wenn ihr hilflos seid und alt

Mutter nahm bei den Händen
Das hoffnungsvolle Paar
Über Wangen flossen Tränen
Das Glück hielt viel Jahre

Zweifel

Kennenlernen stürmisch
Wie auf dem Vulkan
Lavafontänen gleich
Fing die Liebe an

Erster Kuss Glück verheißend
Gemeinsam wandern reisen
Am Strand in der Sonne liegen
Träume in den Himmel fliegen

Das Paradies währt nicht lang
Nur Strohfeuer kein Vulkan
Kann Liebe bestehen im Zweifel
Denke nach - verneine

Ich suche dich

Unter Mittsommers Sonne
Bist plötzlich du verschwunden
Durch Felder weht der Wind
Verstecktest dich geschwind

Tausend Blüten kunterbunt
Gelbe blaue rote und
Reifen Kornes goldne Halme
Schmücken unser Spiel

Ich suche dich und finde
Am Baum dein buntes Kleid
Und dich lang ausgestreckt
Arme sehnend ausgebreitet

Blüten schnell gepflückt
Dein Antlitz hoch erfreut
Deine nackte Haut bestreut
Vom Kopf bis zu den Füßen

Sehne mich gern zurück
An vergangenes Liebesglück
Doch in grauem Halmenmeer
Gibts leider keine Blüten mehr

Was bleibt

Auf dem Schulhof gegenüber stehen
Unverhofft
Ich erröte du noch mehr
Wage nicht dich anzusprechen
Schüchternheit ist mein Problem
Es wiederholt sich viele Male
Das Gefühl verblasst
Bild mir ein
Dass du mich hasst

Viel Zeit ist vergangen
Habe manche Süße eng umfangen
Sie geküsst und heiß geliebt
(Das innere Bild von dir vergilbt)
Habe keine je vergessen
Fand die eine die für immer blieb
Kinder die geboren
Waren viel zu schnell erwachsen
Die selben Erfahrungen machten

Wir treffen uns im Kreis der Schüler
Die in der gleichen Klasse waren
Du stehst vor mir
Nur leicht errötend
Wie geht es dir
Die Antwort ebenso banal
Freundliche Erinnerung
Ist was bleibt

Herz für Kunst

Inspiration

Glücklich jeder Augenblick
Wenn eine innere Stimme
Mich zum Schreiben zwingt
Ohne Ziel mit frohem Sinn
Gedanken sich verwandeln ZU Poesie
Mit Rhythmus Takt und Pfeffer
Immer neuer Melodie
Meinen Dank Euch allen
   Menschen Tieren Pflanzen
   Berge Felder Wälder
   Sonne Mond und Sterne
   Ihr Flüsse und das große Meer
Für die Inspiration -
Von euch allen kommt sie her

Des Dichters Freuden

Dichtung kann uns vieles geben
Was dem Menschen hilft im Leben
Zu allen Zeiten war der Mensch das Maß
Warum der Dichter an seinen Pulte saß
Nicht Ruhm Ehre Gold und Edelsteine
Auch kein Amt darf sein Denken leiten

Unermüdlich sucht er nach Geschichten
Was Forscher aus der Welt berichten
Schönes und Lustiges aus dem Kindermund
Sagen und Märchen aus dem Weltenrund
Geheimes was Liebende offenbaren
Schönes aus der Natur - auch Klagen

Bei jeder Geschichte die ich finde
Reizt es mich gleich zu beginnen
Vor Freude bin ich aus dem Häuschen
Gönne selten mir ein Kaffeepäuschen
Freude ist die stärkste Kraft
Die allerbeste Verse schafft

Erhebend das Gefühl das ich empfinde
Der Heimat Schönheit zu besingen
Einem Kinde schenken Traumgeschichten
Dem Kindergarten neue Lieder dichten
Menschen die verstorben sind zu ehren
Auch Tierfabeln diesen Schatz zu mehren

Oftmals ist dringend die Notwendigkeit
Die Dichter an den Schreibtisch treibt
Wie Theodor Körner im Befreiungskrieg
Und die *48-er* kämpften für Demokratie
Müssen Dichter ewig weiter ringen
Und den Menschen Freiheitslieder singen

Vier Musen

Auf meinem Tisch ein Bild in Farbkopie
Ohne Wert doch sehr gefällig meinem Auge
Vier Musen seh ich im Antlitz Sympathie
Ihre Erscheinungen sind mir wohl vertraut

musica die auf der Rebec spielt
Den Bogen sie gefühlvoll streicht
Verträumt ihr Angesicht erscheint
Ich glaub sie ist verliebt

mathematica - Instrumente in der Hand
Prüfend geht ihr Schulterblick zurück
Damit das Begonnene sicher glückt
Exaktheit ist ihres Wesens Unterpfand

philosophia sie erklärt die Welt
Was sie stützt und zusammen hält
Wie Dinge miteinander verbunden
Und hat von Dialektik Kunde

astrologia betrachtend die Planetenbahnen
Welches Schicksal mag die Zukunft bringen
Wird man einen neuen Sieg erringen
Wir können es nicht wissen nur erahnen

Nicht leben kann der Mensch ohne Gefühl
Mit Exaktheit erreicht er sein täglich Ziel
Wer etwas beginnt muss wissen was er tut
Für Erfolg braucht es Weitsicht und Mut

Mutter mit Kind

Zwischen Sträuchern Bäumen eingerahmt
Steht eine Statue nicht weit vom Haus
Eine junge Mutter mit Kind auf dem Arm
Sie strahlt Freundlichkeit und Liebe aus

Fast täglich komme ich hier vorbei
Entdecke immer an dem Denkmal Neues
Kleidung Hände reden von schwerer Arbeit
Antlitz Augen sind für Schöngeist Zeugnis

Das Kind ein freundlicher munterer Knabe
Schaut fragend und interessiert in die Welt
Von seiner Mutter hat er all die guten Gaben
Ich wünsche dass ihm das Leben weiter so gefällt

So schön sie ist die Statue ist nur aus Stein
Schön wär's die beiden könnten lebendig sein
Sie würden lachend durch den Park spazieren
Und fänden bei den Nachbarn Sympathie

Unsterbliche Dichtung

Leute die sich Dichter nennen
Von Reichtum träumen sie und Ruhm
Den wahren Dichter am Fleiß erkennen
Kannst du und was er andern Gutes tut

Unsterblich ist Dichtung nicht von selbst
Wenn sie Menschen klüger und besser macht
Und sie beschäftigt bei Tag und Nacht
Ist es sicher dass Erinnerung lange hält

Ich selbst bin von dem Wunsch beseelt
Zu befördern Besinnung und auch Wandel
Fordre Menschlichkeit von dieser Welt
Dass nur Tugenden treiben alles Handeln

Sind meine Verse irgendwann berühmt
Feierlich zitiert in Referaten
Gelesen auch vielen Sprachen
Lieg ich da wo es mich nicht berührt

Zuversicht und Zweifel

Ein Maler mit Gefühlen wie Ebbe und Flut
Steht er vor der Staffelei voller Zuversicht
Dem Krankenbett eben erst entronnen
Hat er zum Malen sich neuen Mut genommen

Die Leinwand ist aufgezogen und weiß grundiert
Im Kopf das Bild das er nun malen will
Farben sind angerührt Umrisse leicht skizziert
Er kann jetzt loslegen für sein großes Ziel

Der Kampf beginnt aus Zuversicht und Zweifel
Ein Kampf den jeder wahre Künstler kennt
Ob Maler Musiker Bildhauer oder Dichter
Des Künstlers Dämonen haben viele Gesichter

Gar oft kommt Angst die auf Zweifel folgt
Das Bild misslingt die ganze Arbeit ist futsch
Sind die Farben richtig Formen und Linien klar
Wird die Kritik das Werk verreißen alles Pfusch

Die Gefühle schwanken zwischen Freude und Wut
Dann ein Griff zur Flasche das tut nicht gut
Die Leinwand füllt sich mal flott mal zögerlich
Erleichtert atmet der Maler auf - endlich fertig

Vernissage ein junger Dichter steht am Bild
Schweigsam nachdenklich mehr als eine Stunde
Dem Meister der hinzu tritt auf die Schulter
Klopft er und spricht genauso gehts auch mir

Fliegende Gedanken

Du musst fliegen Gedanke fliege!
Fliege fort durch Raum und Zeit
Flieg zu Eltern und Geschwistern
Zu deinen Kindern weit und breit

Gedanke du sollst gebären
Viele viele strahlende Kinder
So viele wie am Himmel Sterne
Verlöschen sollen sie uns nimmer

Gedanken fliegen in meine Träume
Erhalten da Struktur und Sinn
Und ich will es nicht versäumen
Schreibe ein Gedicht geschwind

Ohne Muse

Keine Muse muss mich küssen
Damit ich schreiben kann
Ein Stichwort soll genügen
Schon fängt die Arbeit an

Figuren werden angelegt
Handlung gut durchdacht
Suche nach besten Reimen
Metaphorisch rund gefeilt
So wird das Gedicht gedeihen

Wenn das Werk dann gefällt
Was versprochen wirklich hält
Mein Verleger zum Druck bereit
Sag ich zum vielhundertsten mal
Dichtung das ist Schwerstarbeit

Das ganze Leben

An der Steinsburg fünf Geister
Alle Dichter die verblichen
Die laut und heftig streiten
Wer der Größte gewesen ist

Der erste beginnt sogleich
Die Liebe zu besingen
Und wie in Amors Reich
Die Liebeslieder klingen

Der zweite widerspricht
Die Farbenpracht der Natur
Was gedeiht in Feld und Flur
Schöneres gibt es nicht

Der dritte vornehm spricht
Der Sprache Schönheit allein
Und gut gelungener Reim
Nichts anderes sei wichtig

Der vierte wütend donnert
Strafen wird der Kriegsgott
Euch die ihr nicht verehrt
Die Schlachten und Helden

Der fünfte aus dem Dunkel tritt
Würdevoll mit klugem Blick
Warum soll ich mich bescheiden
Bei allem was ich denk und sage
Der Menschen Freuden und Leiden
Sollen alle meine Verse tragen

Mein bester Lehrer ist das Leben
Der Menschen Bangen und Streben
Vorfahren gaben mir den Rat
Des Dichters allergrößte Tat
ist des Lebens Vielfalt zu besingen
So kann dein großes Werk gelingen

Jähes Ende

Leute drängen sich am Marktplatz
Der sonst öd und leer
Ein Spielmann am Brunnen
Spielt Klarinette schön und klar
Menschen stehen und lauschen
Adelige sind hingerissen
Eine Woche musiziert er hier
Jeden Tag eine gute Stunde
Keiner hat ihn je gesehen
oder hat von ihm Kunde
Seine Lieder sind noch fremd
Sind wunderschön
Er spielt für die Menschen
Die er besonders mag
Hohe Kunst strengt an
Adern Augen treten hervor
Jäh bricht die Musik ab
Der Spielmann stürzt
Stirbt auf der Stelle
Armengrab vor der Stadt
Steht einem Künstler zu
Mit Rasen deckt man es zu

Kunst der Mimik

Als Schauspieler auf Bühnen stehen
Könnt es in der Welt Schönres geben
Aus gutem Grund genannt auch Mimen
Da außer Sprache Bewegung Gestik
Mimik des Mimen bestes Werkzeug ist

Mimischer Ausdruck kann alles sein
    drohend
        bittend
            mahnend
                fordernd
  werbend
      dankend
          zweifelnd
              wissend
  fragend
      freudig
          verbergend
              klar
  freundlich
      entsetzt
         traurig
            naiv
Und ausgesprochen böse

Erstaunlich was Mimik sagen kann
Mit und ohne Worte doch gekonnt
Wenn die Mimik gut gelungen
Ist gewiss der Dank des Publikums

Junge Mimen sind oft beneidet
Jugendliche Schönheit ist ihr Stolz
Doch Schönheit der Alten zu verneinen
Ist leider ignorant und dumm

Drum hütet euch Falten zu verachten
Auch das alte Gesicht ist schön
Alt und jung ist das ganze Leben
Und Kunst ist für das ganze Leben da

Wer sollte große Rollen spielen
Die Freundlichkeit und Güte
Und Bosheit Grausamkeit bedeuten
Wenn die alten Mimen nicht mehr wären

Mitleid mit Mimen die beizeiten
Die ungeliebten Falten glätten
Mit Skalpell und Chemie
Ihre Fähigkeit zur Mimik
Für lange Zeit verlieren

Träume I

Jeder Tag hat seinen Rhythmus
Ist er auch nicht immer gleich
Alles Tun hat seine Farben
Wachen und Schlafen und Traum
Träume sind farbig wie Regenbögen
Aber mehr noch Spiegel
Der Sehnsüchte und Wünsche
Essen und Trinken Rot
Und gut für Leib und Seele
Doch bedenke - das rechte Maß
Kann Gesundheit schenken
Gartenarbeit ist Grün
Aus Träumen der Winterzeit
Jedes Jahr neu erschaffen
Tausende Farben neu gestalten
So zeigt dein Garten
Des Gärtners Schöpferkraft
Haushalt Hobby Sport Orange
Aktivität gibt viele Chancen
Ausgleich für Körper und Geist
Wenn Tätigkeit oft wechselt
Jeder weiß die neue last
Zugleich Entspannung schafft
Natur und Wandern schönstes Grün
Durch Wälder und Berge ziehen
Unendlich wundersame Düfte
Die würzigen und die süßen
Nimm sie auf und behalte sie
Spenden Kraft und Fantasie

Liebe Leidenschaft Lust ganz Rot
Sind kein Tagesordnungspunkt
Sind präsent bei allem Tun
Was man nicht tut aus reiner Liebe
Kann halb nur oder nicht gelingen
Dichters Arbeit ist nicht leicht
Gedankenstürme in seinem Haupt
Verzeiht ihm bitte wenn er schweigt
Meditation nennt er das und Tagtraum
Für neue Werke schafft er Raum
Später dann bei gutem Licht
Formt er daraus ein Gedicht

Geheimnis I

Neues Thema - oder nur ein Titel
Steht auf meinem Blatt (allein)
Ein großes Geheimnis soll es sein
Niemand darf es wissen
Drum schließ ich mich hier ein
Neugier steht ihr im Gesicht
Was schreibst da was soll es werden
Fragt sie mich
      Kurzgeschichten
      Novelle
      Ballade
      Sonette
      Oder ein Gedicht
Eine Antwort geb ich nicht
Mach ein freundliches Gesicht
Ihr Geburtstag ist in Sicht
Ehejubiläum auch
Und neuerdings Brauch
Dass ich ein Gedicht ihr schenke
Mit Widmung - für sie allein

Singen I

Frühmorgens wenn ich mich rasiere
Oder mir ein Brötchen schmiere
Kann ich mir es nicht verkneifen
Die Schönsten Melodien zu pfeifen
Du stehst auf mit *Hab dich lieb*
Singst sogleich dein Lieblingslied

So gehts bei uns den ganzen Tag
Wo jeder singt was er grad mag
Ob im Garten beim Unkraut jäten
Oder beim Kartoffeln schälen
Trällern solo oder im Duett
Bis wir abends gehn zu Bett

Nur manchmal schweigt man ganz still
(Ich denke nicht an Trauer und Tod
Oder angesichts von Not nein)
Weils bei Zärtlichkeiten keiner will

Warum schweigen

Reine Kunst (so sagt man)
Soll ich nur schaffen
Ästhetik rein und klar
Und nichts anderes machen
Haltung als Tendenz verwerfen
Mich in einem Turm verbergen
Ganz aus Gold und Elfenbein
Nein und tausend mal nein
So ein Dichter bin ich nicht
Dem es an Mitgefühl gebricht
Und will ich niemals sein
Soll ich schweigen wenn
  Politiker bestechlich sind
  Und auf dem Rechten Auge blind
  Bürgerinteressen man missachtet
  Menschlichkeit schnöde verlacht
  Mieten maßlos steigen
  Dörfer Stück für Stück veröden
  Bauernland spekulativ verhökert
  Bildung rettungslos verarmt
  Gesellschaft ist gespalten
  Rechte Hetze wird geduldet
  Haushalte arg verschuldet
Nein das kann ich nicht ertragen
Muss deutlich meine Meinung sagen
Schweigen kann und darf ich nicht
Position beziehen ist Dichters Pflicht

Herbstwind

Viele bunte Blätter
Weht der Wind umher
Bunt wie jeder Herbst
Gelb Rot Orange Braun
Reste auch vom Grün
So wie Kinder in dem Laub
Wate ich in Entwürfen
Die Gedichte sollen werden
Sie werden es bestimmt
Ich bin mir ganz gewiss
Die Arbeit fürcht ich nicht
Meine Lieben aber tun mir leid
Denn ich habe keine Zeit
Trinke Kaffee im Übermaß
Mehr als damals Schiller trank
- Und der ist dran gestorben

Schreibsucht

Jeden Morgen die Erinnerung
Was mir einfällt muss ich tun
Heute noch früh beginnen
Keinen Tag keine Stunde später
In der Jugend nur gelegentlich
Gedichte schreiben für den Zweck
Mundartreime für Familienfeiern
Weihnachtsfest und Rentnertreff
Zum Fasching die Büttenrede
und ganz große Studentenfehden
- Das strengt an
Und wenn es dann Routine wird
Fängt das Drama an
Idee für Idee
Und
Thema für Thema
Das Ganze wird zur Flut
Das Schreiben kann ich nicht lassen
Im Ernst - es wird zur Sucht
Vielleicht eine Passion
Mittelpunkt meines Wesens
Kein Auftrag
Keine Bitte
Kein Zwang
Allein mein eigner Wille und Drang
Und unbändige Lust
Sagen mir was und wie ich schreiben muss

Wozu Kommerz

Bitte frag mich nicht
Was ich täglich tu
Am Schreibtisch sitzen
Manchmal schwitzen
Gedichte schreiben
Viele entstehen im Nu
Frag mich nicht warum
Ich weiß es selber nicht
Ohne Grübeln sitz ich
Hier und schreib am Ende
Ist es ein Gedicht
Nicht für Gut und Geld
Greif ich Feder und Papier
An Kommerz und Reichtum
Hab ich kein Plaisier
Das Einzige worum ich bitte
Ein jeder der mich liest
In Dankbarkeit gedenkt

Singen III

Feierabend am Donnerstag
Chorprobe ist angesagt
Jede Woche orange und rot
Rasiert und schnell geduscht
Ein frisches Hemd das Gute
Eau de Cologne ist Pflicht
Auf gehts zum Lindenkrug
Sangesfreunde erwarten mich
Männerchor vier Stimmen
Jede an einem Tisch
Klavier steht in der Mitte
Als Auftakt Chores Hymne
Lockerung und Stimmbildung
Für den guten Ton weil
Beim nächsten Wertungssingen
Ein Pokal winkt als Lohn
Neues Lied wird eingeübt
Von Tisch zu Tisch
Bis jede Stimme sicher
Das Ganze nun zusammen
Aus stolz geschwellter Brust
Fast fehlerlos voller Klang
So kling der Sänger Lust
Sing ich für mich allein
Sind Glück und Freude groß
Öffentlich im Chor zu singen
Und Publikum stimmt ein
Ist das einfach grandios

Qual

Seit langem wieder ein schlechter Tag
Ich weiß wohl was ich schreiben will
Aber meine Gedanken stehen still
Quälen mich dass beinahe ich verzag

Tagelang dichter Nebel vor der Tür
Nässe und Kälte machens ungemütlich
Ein Spaziergang draußen ohne Sinn
Auch die Nachbarn bleiben lieber drin

Niemand schaut jetzt zu mir rein
Der sonst häufig an die Türe klopfte
Nur zu einem Schwatz wollt bei mir sein
Meinen Cognac soff den besten Tropfen

Main Computer kann mir nicht helfen
Ist er auch sehr stark und schnell
Doch weiß er nicht was er tut
Ich geh ins Bett mich auszuruhn

Ausgeschlafen sitz ich hier
Gut gefrühstückt und trink Kaffee
Und setz fleißig meine Verse fort
Fertig - das ging heute flott

Mädchen an der Harfe

Ich weiß nicht welche Kunst
Ich am meisten liebe
Doch hoch in meiner Gunst
Konzerte in der Philharmonie

Was seh ich da - neu im Ensemble
Eine junge zierliche Schöne
Würdevoll nimmt Platz an der Harfe
Entlockt ihr schmeichelnde Töne

Sie schaut freundlich in den Saal
Bedankt sich für Beifall brav
Zugabe für Zugabe muss sie spielen
Handküsse fürs Publikum das liebe

Ich geh jetzt öfter ins Konzert
Die Harfe ist das was mich zieht
Und denk sie ist in mich verliebt
Wenn sie in meine Richtung lacht

Je öfter ich über die Schöne sinne
Reift in mir die Erkenntnis heran
Dem ganzen Publikum ist sie zugetan
Und liebt nicht mich - nur die Musik

Das Gedicht in mir

Verzeiht mir Freunde Liebste verzeiht
Denn manchmal bin ich unaufmerksam
Versteht mich bitte es ist nicht leicht
Den Blick zu richten auf täglichen Kram

Der ist sicher wichtig weiß ich doch
Das neue Gedicht das ich hab im Kopf
Fesselt mich und lässt mich nicht los
Legt manchmal auch die Nerven bloß

Das wird sich ändern verspreche ich
Wenn das neue Gedicht erst fertig ist
Hab ich für alle eure Wünsche Zeit
Wenn nichts dazwischen kommt – vielleicht

Vagabundierende Gedanken

Mein Kopf ist wie ein Bienenkorb
Wo tausende Gedanken schwirren
Wie heimatlose Vagabunden irren
Sie halt- und ziellos in einem fort

Bisweilen treiben sie's zu bunt
Die wilden Gaukler in meinem Haupt
Wenn es stets und ständig summt
Ein Hammer auf den Amboss haut

Gedanken wollen immer springen
Über Tiefen Höhen Meere Welten
Wollen musizieren und auch singen
Reden über Römer Maja Kelten

Trotzdem muss ich dankbar sein
Denn ohne sie fiel mir nichts ein
Und wenn das alles nicht so wär
Wo kämen Ideen für Gedichte her

Schwemmkies

Kleiner Fluss kommt aus den Bergen
Trägt Kiesel in schillernden Farben
Groß klein eckig rund oder platt
Auf einer Kiesbank legt er sie ab
Schöne Quarze sind in großer Zahl
Tuff Granit Porphyr und auch Basalt
Ganz selten eine Muschel mit Perle
Oder ein Körnchen Gold ganz winzig
Sie alle sind meiner Gedanken wert
(und auch der Tinte - finde ich)
Denn jeder Kiesel - ein Gedicht

Gennadi

Am Ufer sitzen schauen in den Fluss
Er der Kandidat der Wissenschaft
Und der Ingenieur vom Oderland
Reden von Gesellschaft und von Kunst
Tief die Novembersonne ohne Kraft
Moskauer in Mäntel eingepackt
Gennadi scheint mir klug und belesen
Freundlich offen ehrlich sein Wesen
Spricht von *Gorki Puschkin Tolstoi*
(gedämpft auch von *Saratov*)
Schiller Goethe Heine und *Fontane*
Kennt Wünsdorf (Ost- und West-) Berlin
(Man schreibt eben das siebziger Jahr)
Fragt nach diesem und nach jenem
Und kann so vieles nicht verstehen
Warum es gibt zwei deutsche Staaten
Ich sag du solltest *Breshnew* fragen
Arnold Zweig und *Sarah Kirsch* liebt er sehr
Christa Wolf und *Peter Hacks* noch mehr
Und warum sitzt *Erich Loest* im Knast
Weil er den Mächtigen nicht passt
So reden wir noch lange Zeit
Bis die Kälte uns nach Hause treibt
Sehen wir uns wieder will ich wissen
Skoro budjet ich seh ihn Grinsen
(Die Wodkaflasche war nicht leer
Die Neige trank ein Milizionär)

Hoppla

Hoppla ich bin gestolpert
Was ist das vor meinen Füßen
  Spontaner Einfall
  Willkürliche Erinnerung
  Traum der mich verfolgt
  Idee erhoffte Lösung
  Aus meinem Leben Anekdoten
Muss nicht lange überlegen
Was daraus einmal wird
Jeder Stolperstein ein Thema
Im selben Augenblick notiert
Täglich passieren Geschichten
Sie reichen ein Leben lang
Genügend Stoff für neue Gedichte
Dem Zufall sag ich vielen Dank

Elfentanz

Wallende Nebelschleier
Unten am Weiher
Frösche quaken
Im rauschenden Schilf
Reiher waten
Schnappen nach Lurch und Fisch
Wandelnde Figuren
Verschleierte Geister
Munterer Reigen
Elfen im weißen Schleier
Vom Westen her leichter Wind
Vertreibt die Schwaden
Wispernde Pappeln
Wellen plätschern am Rand
Geister machen keine Angst
Regen an die Fantasie
Und Kunst wie Poesie

Flug ins Nirgendwo

Mein Flieger geht nach Nirgendwo
Gedichteband auf meinem Schoß
Gedichte Marke *postmodern*
Damit ich davon lerne
Versuche zu lesen
      Das geht nur schwer
Will es rezitieren
      Quäle mich noch mehr
Finde keinen Sinn noch Klang
Frag was fang ich damit an
Ohne Reim und ohne Form
Wo ist hinten wo ist vorn
Endlich in Dubai landen
Verwandte lieb empfangen
Im Auto an Goethe denken
West-Östlicher Diwan
Und meine Gedanken lenken
Gedichte von *Hafis* und *Kayyam*

Verloren II

Ein Gedanke großartige Idee
Soeben erst geboren
Lösung für vieles Ach und Weh
Habe schnöde ich verloren
Verloren weil zerstreut und abgelenkt
Denke suche angestrengt
Erinnerung versagt bin erschüttert
Nicht verloren - nur verschüttet
Für einige Zeit blockiert
Sagt Erfahrung mir
Habe Geduld sie kommt bald wieder
Strahlend wie die Morgensonne
Kommt die Idee zurück
Schreib sie eilends auf voll Wonne
Auf dem weißen Blatt im Morgenlicht
Steht mein neuestes Gedicht

Eichkater Moritz

Er sitzt in meinem Fensterlein
Schaut neugierig zu mir rein
Was machst du da guter Mann
Schaust kein einzig mal mich an
Schreibst auf Papier
Haust auf Tasten rum
Arbeitest dir den Buckel krumm
Frag mich lange schon wofür
Hab ihn noch nicht vorgestellt
- Eichkater Moritz -
Dem es hier gefällt
Leider isst der keinen Kuchen
(Bekam ich billig im Imbissladen
Denn den wollte keiner haben)
Wollte ihn nicht mal versuchen
Dafür musst ich Nüsse kaufen
Erdnüsse einen ganzen Sack
Vom Walde Haselnüsse ungeknackt
Gern schaut er meiner Arbeit zu
Manchmal gibt er keine Ruh
Dann mach ich das Fenster auf
Trag ihm neueste Verse vor
Bei Gefallen richtet er sich auf
Baut Männchen wackelt mit dem Ohr
Doch wenn es ihm nicht gefällt
Flieht er beleidigt meinem Blick
Kommt erst anderntags zurück
Für Lektoren spar ich das Geld

Übermaß an freier Zeit

Schrecklich solche Situationen
Die zumeist der Zufall bringt
Wie kann man mich verschonen
Vor all dem was Zeit mir stiehlt
      Kann nicht weiter bin blockiert
      Wenn keine Technik funktioniert
      Ein Zeitungsmensch will Interview
      Und mich aussaugen bis aufs Blut
      Anderntags quält die Migräne
      Haben Pause meine Pläne
      Penetrante Bin-Auch-Ein-Dichter
      Jämmerliche fahle Lichter
      Leute mit trister Langeweile
      Wollen diese mit mir teilen
      Am schlimmsten all die Tage
      Wenn der Ideenquell versiegt
An all dem könnt ich verzweifeln
Doch ich weiß wie man Ruhe kriegt
Ich verschließ die Tür ganz fest
Und stelle die Klingel aus
Was Besucher denken lässt
Der ist heute nicht zu Haus
Telefon wird ignoriert
Das hat meistens funktioniert
Freunde haben einen siebten Sinn
Wann ich zu erreichen bin
Geben zurück mir Freude Kraft
Womit ich neue Werke schaff

Anmaßung

Wer von uns darf es wagen
Andere Menschen zu belehren
ist es richtig sich anzumaßen
Wen auch immer zu bekehren

Man nennt der Völker Lehrer
Uns die Schreiber und Dichter
Und oftmals sogar Richter
Das Verständnis fällt mir schwer

Täglich befällt mich Zweifel
Dass dies Los ich tragen kann
Ob Kraft und Weisheit reichen
Und Worte Menschen rühren an

Doch wäre ich der Zweifel bar
Würde niemals hinterfragen
Wären wertlos meine Verse
Und rührte keinen Stift mehr an

Kreative Nachlässigkeit

Kein Künstler auf der Welt
Ob Maler Bildhauer Dichter
Der obsessiv auf Ordnung hält
Sie war ihm niemals wichtig

Schöpfergeist nimmt Schaden
Wenn Ordnung Oberhand gewinnt
Nutzlose Manie verdrängt
Jeden künstlerischen Gedanken

Der Schreibtisch voll belegt
Mit Notizen Skizzen Büchern
Couch Schränke auch Buffet
Stapel werden immer höher

Zettel überall verteilt
Vorn und hinten bekritzelt
Bisweilen gelingt es nicht
Das Geschriebene zu deuten

Der Computer voll gestopft
mit Entwürfen und Konzepten
Wenn Festplatte überläuft
Den Dichter packt Entsetzen

Seine Hemden arg verschwitzt
Ellenbogen Socken mit Löchern
Hosenboden glatt gewetzt
Kaffeeflecken noch und nöcher

Künstler ficht das niemals an
Stehn mit Kunst nur ihren Mann
So waren ihre Ahnen schon
Hielten streng auf Tradition

Quellen des Geistes

Kenntnisse aus Fähigkeiten geboren
Zu lernen beim Lesen und beim Hören
Und mit Mut schreiten zur Tat
Erkenntnisse sind das Resultat

Geschichte dem Gedächtnis wir verdanken
Was Menschen erlebt gehört und gesehen
Die Ereignisse verlässlich zu verankern
Nicht geschrieben ist wie nie geschehen

Philosophie nur aus Vernunft entsteht
Doch ist Vernunft kein starres Phänomen
Wie Gesellschaft und die Menschen reifen
Werden Vernunft wir neu begreifen

Dichtung entspringt der Phantasie
Menschen gefühlvoll wahrhaft lieben
Mit Verstand und Herz ihre Träume leben
Aus wahrer Liebe sprudelt Poesie

Repetition

Schau ein Bild an
so oft du kannst
Mehr und mehr zu sehen

Lieblingsmusik
Hör sie täglich an
Damit sie dir gehöre

Lerne ein Gedicht
Und sprich es frei
Zur Stärkung deiner Seele

Welt voller Geschichten

Was täglich in der Welt passiert
Erstaunlich
Verwunderlich
An allem höchst interessiert
Jedes Ereignis eine Geschichte
Reichlich Stoff zum Dichten
Nichts davon zu banal
Von aufregend bis fatal
Weil immer Menschen betroffen
  Fast perfekter Mord
  Skandale beim Sport
  Geschmäckle im Kommerz
  Sozialpolitik ohne Herz
  Promi fünfte Frau verlässt
  Schlägerei beim Kirmesfest
  Schülerin vom Lehrer schwanger
  Drogentoter auf dem Anger
  Interessante Fabelwelt
  Was Oma am Kamin erzählt
Halte Augen und Ohren offen

Verträumtes Refugium

Kirchgasse im Bettelwinkel
Gar nicht weit zum Markt
Die Seele der Stadt zu finden
Kauft ich hier ein kleines Haus

Gemütlich sorgsam renoviert
Das Fachwerkhäuschen etwas schief
Raum zum Schreiben und zum Leben
Mit lieben Gästen frei zu reden

Unverzichtbar all die Menschen
Die ich auf dem Marktplatz treffe
Und mir ihr Innerstes vertrauen
Gern auf meinen Ratschlag bauen

Freunde die ich in euch habe
Ihr bringt Glanz in meine Kate
Gebt mir Mut Für neue Verse
Dass alle Leute glücklich werden

Sensible Leere

Wie soll ich erklären
    Was ich nicht verstehe
Wie beschreiben
    Was ich nie gesehen
Wie singen
    was ich nie gehört
Und was empfinden
    Was ich nie gefühlt

Manchmal möcht ich schreiben
    Was man nicht schreiben kann
Und muss darunter leiden
    Dass ich so übel dran
Hört die ihr empfindsam seid
    Lasst euch nicht verdrießen
Zum Meditieren nehmt euch Zeit
    Das in Fülle Gedanken fließen

Wahrheit

Nur ganz schwer zu fassen
Starken Händen fehlts an Kraft
Wenn wer meint man hat sie schon
Strebt unaufhaltsam sie davon

Widerfährt nicht nur dem Dichter
Auch dem Philosophen oder Richter
Kein Wesen hat sie im Besitz
Nur der Narr begreift das nicht

Was ich immer denke oder fühle
Was herauskommt wenn ich grüble
Ist das wahrhaftig oder Trug
Es wird Erde mein Stift ist der Pflug

Irgendwann in einem Märzen
Bricht mit Gewalt die Saat heraus
Kann die Früchte nicht mehr bergen
Weil mein Lebenslicht ging aus

Vermisste Wahrheit

Gedanken nicht hermetisch
Und nie geheim
Ausdruck nicht pathetisch
Will verständlich sein

Wühle emsig in Steinen
Schwielen an Synapsen
Schau mich an Felsen um
Wahrheit find ich keine

Viele Blätter ich besehe
Gärten Felder Wälder
Folianten neu und älter
Wahrheit find ich keine

Schaue Menschen ins Gesicht
Auf Märkten und Auditorien
Auf Fragen falsche Historien
Wahrheit find ich nicht

Inhaltsverzeichnis